Agnès Poirier

Notre-Dame: A alma da França

Tradução Ana Guadalupe

1ª Edição

TRADUÇÃO
Ana Guadalupe

PREPARAÇÃO
Eloah Pina

REVISÃO
Pamela P. Cabral da Silva
Thalita Martins da Silva Milczvski

CAPA
Beatriz Dorea

FOTO DE CAPA
Cristiano Mascaro

Impresso no Brasil/*Printed in Brazil*

Alameda Franca, 1185, cj 31
01422-001 — São Paulo — SP
www.dbaeditora.com.br

Dados Internacionais de Catalogação na Publicação (CIP)
(Câmara Brasileira do Livro, SP, Brasil)

Poirier, Agnès

Notre-Dame: a alma da França / Agnès Poirier;
tradução Ana Guadalupe. 1. ed. — São Paulo: DBA Editora, 2021.

Título original: Notre-Dame

ISBN 978-65-5826-012-7

1. Arquitetura 2. Catedrais - França 3. Igreja

Católica 4. Notre Dame de Paris (Catedral) I. Título.

CDD-726.60944

Índices para catálogo sistemático:
1. Catedrais: França: Arquitetura 726.60944

Para *Ma Dame*,
Garance

Nunca senti nada parecido com isso [...].
Nunca vi algo tão sério e sombrio, e ao mesmo tempo tão comovente.

Sigmund Freud, em uma carta para sua noiva, Martha, em 19 de novembro de 1885

Não basta ver Notre-Dame, é preciso vivê-la. Em detalhes. Todos os dias. Ela não seria, para nós, serva de Deus, se não também não nos servisse de alguma forma.

Paul Claudel, 1951

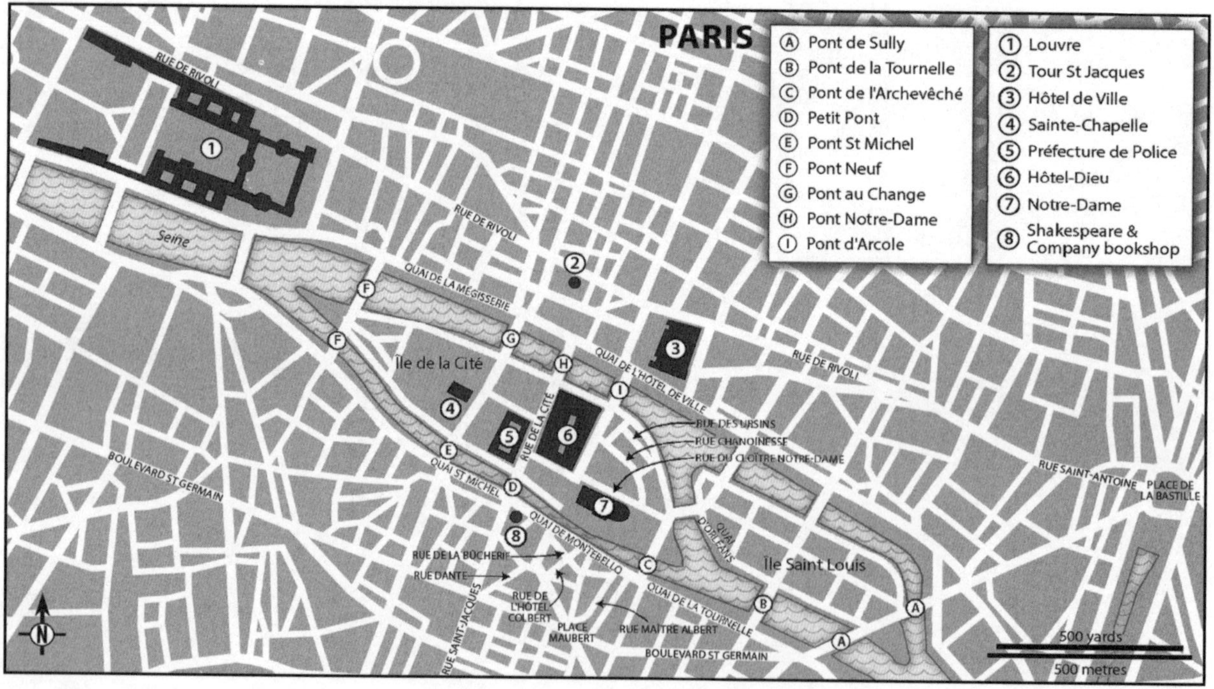
PARIS
A Pont de Sully
B Pont de la Tournelle
C Pont de l'Archevêché
D Petit Pont
E Pont St Michel
F Pont Neuf
G Pont au Change
H Pont Notre-Dame
I Pont d'Arcole
1 Louvre
2 Tour St Jacques
3 Hôtel de Ville
4 Sainte-Chapelle
5 Préfecture de Police
6 Hôtel-Dieu
7 Notre-Dame
8 Shakespeare & Company bookshop
RUE DE RIVOLI
Seine
QUAI DE LA MÉGISSERIE
Île de la Cité
RUE DE LA CITÉ
QUAI DE L'HÔTEL DE VILLE
RUE DES URSINS
RUE CHANOINESSE
RUE DU CLOÎTRE NOTRE-DAME
QUAI ST MICHEL
BOULEVARD ST GERMAIN
QUAI DE MONTEBELLO
QUAI D'ORLÉANS
Île Saint Louis
RUE SAINT-ANTOINE
PLACE DE LA BASTILLE
RUE DE LA BÛCHERIE
RUE DANTE
RUE SAINT-JACQUES
RUE DE L'HÔTEL COLBERT
PLACE MAUBERT
RUE MAÎTRE ALBERT
QUAI DE LA TOURNELLE
500 yards
500 metres
N

Vista lateral da Notre-Dame, a partir de gravura de M. Baldus.

PRÓLOGO

Da noite do incêndio me lembro de um caleidoscópio de imagens, uma colisão de emoções em rápida sucessão. De ver pela janela da cozinha as colunas de fumaça amarelas que serpenteavam pelo céu, depois de descer correndo os degraus que levavam ao quai de la Tournelle, de parar bem em frente da rosácea sul de Notre-Dame, das línguas de fogo vermelhas e laranjas que se lançavam do telhado, do silêncio retumbante da multidão, do olhar de perplexidade das pessoas, da beleza horrenda daquele momento, das lágrimas que caíam em cada rosto, dos lábios que compunham preces mudas, das ações precisas e certeiras dos bombeiros, que de repente pareciam transformar-se em médicos do exército, das mangueiras que surgiam de todas as direções como serpentes gigantes, da tocha flamejante do pináculo prestes a desabar, das pedras medievais de tom rosado contra o céu azul vivo, e depois da fumaça preta que subia da torre norte, e da compreensão inadmissível, do pensamento insuportável: talvez Nossa Senhora seja perdida.

Precisamos de certezas: elas são a estrutura da nossa existência, as placas de sinalização sem as quais somos incapazes de nos nortear pela vida, e muito menos de enfrentar seus muitos testes e tribulações; por 850 anos Notre-Dame foi uma dessas certezas. Quem tinha se esquecido disso recebeu um lembrete assustador na noite de 15 de abril de 2019. Se Notre-Dame podia desmoronar ante nossos olhos e deixar de fazer parte de nossa vida, o mesmo poderia acontecer com aquelas outras certezas — a democracia, a paz, a fraternidade. Os diretores das escolas de Paris, que convocaram psicólogos para atuar nas escolas primárias na manhã seguinte, entenderam tudo. Muitas crianças levaram para a aula pequenos sacos plásticos cheios de fragmentos de vigas de madeira escurecidas que tinham recolhido nas varandas e calçadas. Seus pais tinham dito que aqueles pedacinhos minúsculos de carvão datavam da época das Cruzadas, e agora, para se consolar, elas precisavam ouvir que nada de irreparável havia acontecido. Acalmar as crianças foi mais fácil do que acalmar a nós mesmos.

Naquela noite, à medida que as primeiras imagens da tragédia começavam a inundar as redes sociais e as telas de TV, uma onda de emoção quase imediata correu em direção à pequena ilha de Île de la Cité, em Paris, o berço da França, vinda de todos os cantos do mundo. Nós, parisienses, nos sentimos como tantas vezes na história, em sintonia com o mundo, unidos pela harmonia do luto.

Por que todos estávamos tão traumatizados?

Notre-Dame sempre foi muito mais do que uma catedral, um lugar de devoção para católicos e um belo monumento cujos vitrais datavam do século XIII. Notre-Dame é um dos maiores feitos arquitetônicos da humanidade, a face da civilização e a alma de uma nação. Ao mesmo tempo sagrada e secular, gótica e revolucionária, medieval e romântica, ela sempre ofereceu um local de comunhão e refúgio a qualquer um, fosse fiel ou ateu, cristão ou não.

Victor Hugo e seu corcunda transformaram Notre-Dame em uma heroína conhecida no mundo todo, e a salvou do estado deplorável em que se encontrava duzentos anos atrás. Ela se reergueu nos anos 1860, com todo o esplendor neogótico, graças ao arquiteto Eugène Viollet-le-Duc, um estudioso da arte medieval que reinventou Notre-Dame e lhe deu um pináculo com o qual ela já parecia ter nascido. Por meio das novas manifestações artísticas da fotografia e do cinema, ela se tornou um ícone universal, um personagem de carne e osso no imaginário do mundo, ao lado de Quasímodo, de Esmeralda e das monstruosas, mas adoráveis, gárgulas que adornam sua fachada. Dessa maneira, o afeto por Notre-Dame, esse ser vivo disfarçado de catedral gótica, foi passado de geração em geração.

Sua beleza deslumbrante também ajudou a tornar sua ruína ainda mais inconcebível. Construída e reconstruída ao longo de dez séculos, num aperfeiçoamento contínuo e constante, Notre-Dame ostenta um encanto que é ao mesmo tempo ímpar e multifacetado. Todos têm seu ângulo favorito da catedral. Para alguns é a visão da pont de l'Archevêché, quando se anda a partir da Margem Esquerda em direção ao jardim que fica à sombra de seus arcobotantes, ou um pouco mais ao leste, do meio da pont de la Tournelle, onde a catedral se avulta como a proa magnífica de um navio chamado *França*. Para outros, ainda, é a visão que se tem do quai d'Orléans, na ilha gêmea de Paris, Île Saint-Louis, onde ela surge de repente na curva do talude cheio de vegetação, ou talvez apenas do meio do pátio — praça em frente às portas principais da catedral —,[1] de onde se vê a rosácea oeste e as torres irmãs em toda sua beleza. Para outros continua sendo a visão do quai de Montebello e da fachada da livraria Shakespeare & Company.

Pablo Picasso gostava da visão que se tinha do jardim dos fundos. No dia 15 de maio de 1945, o artista aficionado por touradas perguntou ao fotógrafo Brassaï: "Você já fotografou Notre-Dame por trás? Gosto bastante do pináculo de Viollet-le-Duc. Parece uma *banderilla* cravada nas costas dela!".[2]

Minha favorita é a visão que se tem da esquina da rue de la Bûcherie com a rue de l'Hôtel Colbert, depois do quai de Montebello, na base de três degraus medievais, logo ao lado do edifício onde, em outubro de 1948, Simone de Beauvoir alugou um quartinho no sótão com vista para o pináculo. No nível da rua, esse mínimo vislumbre de Notre-Dame deixa qualquer um curioso, querendo ver mais, e nunca falha em nos atrair na direção dela.

Notre-Dame tem uma beleza que nunca parece banal: é um milagre que continua se renovando, que nos atordoa a cada vez que nossos olhares se encontram. O segredo de seu encanto reside numa poderosa combinação de familiaridade e nobreza, proximidade e grandiosidade. Como um monumento pode ser, ao mesmo tempo, tão íntimo e tão imponente?

Mergulhar no passado de Notre-Dame é mergulhar na alma da França, em uma história de glória, tormento e contradições. Nos últimos 850 anos, Notre-Dame testemunhou o melhor e o pior da França. Em 15 de abril de 2019, ela quase morreu em decorrência da negligência humana, e só foi salva no último instante pela coragem daqueles que se dispuseram a sacrificar sua vida por ela.

***

Notre-Dame: a alma da França homenageia Maurice de Sully, o filho de camponeses que se tornou bispo de Paris e supervisionou o início da construção da catedral no final do século XII; e apresenta Henrique IV, que, ao perceber que seria impossível governar contra Paris, converteu-se ao catolicismo, prestou homenagem a Notre-Dame e reconciliou um país profundamente dividido por trinta anos de guerra entre protestantes e católicos. O filho de Henrique, Luís XIII, consagrou sua coroa e a fortuna da França à Virgem Maria de Notre-Dame, e seu filho, Luís XIV, o rei Sol, honrou o voto de seu pai.

Em 1789, e ao longo do período do Terror de Robespierre, o sábio organista da catedral tocava canções revolucionárias e "A Marselhesa" em vez de músicas religiosas, e um cônego igualmente sábio decidiu proteger as estátuas do rei Sol e de seu pai, deixando que a Virgem Maria se virasse sozinha diante de ateístas resolutos e republicanos convictos. Ele fez bem: só ousaram remover sua coroa dourada. Os 28 reis da galeria superior da fachada não tiveram a mesma sorte: todos perderam a cabeça. Napoleão restaurou Notre-Dame, que tinha sido transformada em templo da razão durante a Revolução, à sua fé original. Ao escolher ser coroado imperador na catedral, em 1804, ele também a alçou ao centro da vida pública e política da França, preparando o terreno para Victor Hugo e seu corcunda.

O romance de Hugo, escrito nos tempos tumultuados da Revolução de Julho de 1830, capturou com maestria a comunhão entre os rebeldes de Paris, o sineiro deformado da catedral, Quasímodo, e a bela cigana Esmeralda, tudo sob o olhar atento do arcebispo Frollo. O sucesso do livro, publicado com ilustrações bastante evocativas, foi tão grande que, de repente, o país inteiro voltou a dar valor à herança medieval e decidiu cuidar de seus monumentos, que estavam caindo aos pedaços. Pouco depois da publicação, criou-se o Serviço Nacional de Proteção aos Monumentos Históricos da França, e logo uma nova geração de arquitetos, que atuavam tanto como artistas quanto como acadêmicos, foi convocada pelo governo para devolver o esplendor de outrora às velhas pedras.

Por 22 anos, Viollet-le-Duc restaurou minuciosamente o esplendor neo-gótico de Notre-Dame. Alguns anos depois de a construção do pináculo ser concluída, o barão Haussmann redesenhou grande parte de Paris e da Île de la Cité. Ao remover construções medievais e demolir vias estreitas do entorno, Haussmann conferiu ainda mais imponência à catedral. Agora, sozinha na ponta da ilha, era vista a quilômetros de distância.

Na noite do incêndio, muitos parisienses pensaram em 26 de agosto de 1944, quando, depois de andar pela Champs-Élysées sob os aplausos de 2 milhões de compatriotas, o general De Gaulle parou na Notre-Dame para comparecer ao Te Deum, uma cerimônia especial com belíssimos cânticos de ação de graças que se realiza após um período de incertezas. Quando ele entrou pelo portal central na catedral lotada, ouviu-se tiros vindos da galeria superior. Franco-atiradores tinham o líder francês como alvo, mas De Gaulle continuou a andar, de cabeça erguida, e entrou na nave, indo em direção ao coro. Os presentes tinham se deitado no piso de mármore, mas, ao verem De Gaulle tão calmo, aparentando indiferença, voltaram aos poucos a seus lugares nos bancos. O "Cântico de Maria" foi interrompido antes do final, e o general saiu do mesmo jeito que entrou, de cabeça erguida.

O que De Gaulle diria da batalha pela reconstrução de Notre-Dame? Enquanto os destroços ainda queimavam, a opinião pública pareceu se dividir em dois grupos opostos: o daqueles que querem vê-la ressurgir como era antes e o daqueles que querem lhe conceder um toque da estética do século XXI. Seria essa uma batalha entre retraídos e destemidos, ou entre sábios e tolos? Nem o primeiro-ministro francês, Édouard Philippe, resistiu à tentação de lançar, apenas dois dias depois do incêndio, uma competição internacional dedicada à reconstrução do pináculo. O próprio presidente Macron falou em reconstruir a catedral de forma que fique "ainda mais bela do que era antes" em apenas cinco anos. As declarações de ambos abriram caminho para uma onda de ideias bastante absurdas que invadiu as redes sociais, entre elas estão: um pináculo de cristal, um jardim no telhado, uma gigantesca tocha dourada, uma piscina no topo e uma cúpula de vidro. Arquitetos, que queriam publicidade a qualquer custo, embarcaram na ideia da competição e promoveram seus planos fantásticos para Notre-Dame. Abriu-se a caixa de Pandora.

Do que se trata esse desejo francês de ser radical, de redesenhar, de reformar e deslumbrar o mundo? Será que de fato pensamos que o espírito criativo do século XXI está à altura dos construtores medievais de Notre-Dame? Por que não decidimos de uma vez que o melhor a se fazer é apenas preservar e restaurar Notre-Dame de acordo com o que Viollet-le-Duc fez por ela em 1865? Ainda haverá oportunidade de reconfigurar seu entorno e as vias de acesso que recebem seus 14 milhões de visitantes anuais, aspectos que eram no mínimo caóticos. Talvez haja até a oportunidade de criar o tão esperado e necessário museu do pátio, no Hôtel-Dieu, um hospital medieval que hoje se encontra parcialmente vazio.

A batalha pela reconstrução de Notre-Dame está só começando, mas promete ser violenta. As três famílias mais ricas da França — os Pinault, os Arnault e os Bettencourt, que anunciaram doações de 500 milhões de euros destinados à reconstrução de Notre-Dame enquanto o incêndio destruía o telhado — precisaram justificar suas decisões. Será que não estavam mais interessados na isenção fiscal que costuma acompanhar esse tipo de doação do que no destino da catedral?, perguntaram os Gilets Jaunes (Coletes Amarelos). Será que não poderiam gastar esse dinheiro com pessoas que precisam, em vez de pedras antigas? Será que não havia causas mais importantes do que um monte de destroços carbonizados?

O processo de escrita de *Notre-Dame: A alma da França* foi uma jornada sem igual, que começou com profunda tristeza e chegou ao fim com um otimismo silencioso. Desde 16 de abril de 2019, quando, à medida que a aurora lançava seus tons rosados sobre o Sena, vi Notre-Dame ressurgir, ainda em pé, ferida, mas magnífica, venho nutrindo uma esperança discreta. Poucas horas antes, segurando um binóculo, eu levantara as mãos para o céu ao perceber que as rosáceas tinham sobrevivido.

Conhecer os homens e as mulheres que salvaram Notre-Dame; falar com as pessoas que cuidaram dela como se fossem enfermeiras dedicadas ao longo das semanas e meses seguintes, 24 horas por dia, reforçando sua estrutura, recolhendo e armazenando com extrema minúcia cada um dos detritos chamuscados ou quebrados que pudessem ser reutilizados; entrevistar as pessoas que vão decidir os rumos da reconstrução e as que vão financiá-la; visitar o canteiro de obras, passar as mãos na pedra, por mais estranho que pareça; e até mesmo fazer um exame de sangue que detecta uma possível intoxicação por chumbo — tudo isso me rendeu uma consciência aguda dos desafios que nos aguardam e da boa vontade e do comprometimento infinitos e incondicionais daqueles que querem ver Notre-Dame se reerguer.

1

15 DE ABRIL DE 2019
A NOITE DO INCÊNDIO

"Naquela noite eu morri."
Philippe Villeneuve

Abril em Paris.

Os últimos dias foram encantadores: céu azul imaculado, castanheiras e cerejeiras em flor, ondas amarelo-claras e cor-de-rosa que descem das alturas de Montmartre e chegam às avenidas arborizadas de Montparnasse, do Jardins das Tulherias no fim da Champs-Élysées até o pequeno parque da catedral de Notre-Dame, onde crianças da vizinhança adoram brincar depois da escola. Estamos no dia 15 de abril de 2019, no começo da semana da Páscoa, e esses pequenos parisienses aguardam ansiosos a quinzena de férias de primavera, que começa na próxima sexta-feira. E também a caça aos ovos.

Pela manhã, o Festival de Cinema de Cannes revelou o cartaz de sua 72ª edição, que acontece no próximo mês. É sempre um acontecimento. Neste ano, o cartaz exibe uma jovem Agnès Varda, a cineasta francesa que recentemente morreu aos noventa anos. Encarrapitada nas costas de um cinegrafista, a "moleca" de 26 anos aproxima os olhos de uma câmera precariamente posicionada no alto de uma plataforma de madeira, enquanto ao fundo o Mediterrâneo cintila sob o sol. A fotografia em preto e branco tirada em 1955 foi "colorizada", ganhando um vibrante tom de laranja. É uma magnífica homenagem ao cinema e à incrível diretora.

Paris também está fervilhando de expectativa, e o assunto é político. Esta noite, às vinte horas, o presidente Emmanuel Macron fará um comunicado nacional e com sorte colocará um ponto final nas semanas de inquietação marcadas pelos protestos radicais e variados dos Gilets Jaunes. Foram 22 sábados consecutivos de manifestações ao redor da França, nas quais o grupo levou caos e destruição a alguns centros urbanos, inclusive Paris; e, embora a essa altura o movimento já tenha perdido a credibilidade por conta da violência gratuita e da incapacidade de expressar uma mensagem coerente, os franceses ainda esperam que o presidente e seu governo apresentem propostas capazes de oferecer ao país a sensação de desfecho para a nação.

Gurus políticos da França e correspondentes internacionais tentaram adivinhar quais seriam as "grandes" medidas que Emmanuel Macron anunciaria em breve, principalmente porque o presidente já atendeu à maior parte das demandas iniciais dos Gilets Jaunes — inclusive anular o aumento nos impostos sobre combustíveis. Há um boato circulando entre os jornalistas políticos: o presidente poderia decidir fechar a Escola Nacional de Administração (ENA), a famosa universidade de elite que Charles de Gaulle fundou, em 1945, pensando nos candidatos aos mais altos cargos do país. Essa de fato seria uma notícia histórica. Idealizada como um sistema democrático de recrutamento para o trabalho público por meio de exames rigorosos, a ENA sempre foi considerada parte indissociável da meritocracia francesa. Seus alunos, por exemplo, não dependem do dinheiro da família para financiar os estudos; em vez disso, o Estado lhes concede um salário do começo ao fim do curso. Com o passar dos anos, no entanto, a universidade foi criticada por fomentar um *pensée unique* (visão de mundo limitada), incutindo na elite do futuro uma visão muito rígida dos papéis do Estado e do mundo.

Na Île de la Cité, uma das duas pequenas ilhas no centro da capital francesa, "a cabeça, o coração e a medula de Paris",[3] como ficou conhecida já no século XII, os sinos da catedral estão prestes a anunciar os preparativos da Véspera. São 17h45, e pais e mães se reúnem em frente aos portões da escola primária local para esperar os filhos saírem, suados e despenteados. Na place Maubert, uma pequena praça construída no boulevard Saint-Germain, paralela à rosácea sul de Notre-Dame, a padaria Chez Isabelle, que conquistou os prêmios de "melhor croissant" e "melhor tarte de maçã" no ano passado, está bem-abastecida para receber a invasão das crianças comilonas e seus pais. As mais sortudas vão ganhar um *pain au chocolate* de lanche da tarde, enquanto seus pais compram a baguete da noite, de preferência da fornada mais recente, ainda quentinha. Na loja vizinha, Laurent Dubois, mestre *fromager* (queijeiro), também está a postos. Fazer compras às pressas antes do jantar é uma constante na vida dos parisienses. "Comprou pão?", seguida de "Temos queijo em casa?", devem ser as perguntas mais feitas em Paris todos os dias entre as seis da tarde e as oito da noite.

Já virou um ritual diário: uma dúzia de turistas americanos e seu guia especializado em tours gastronômicos se aglomeram diante das cúpulas de vidro de Laurent Dubois. É dentro delas que ele exibe suas novas criações — Roquefort com marmelo, Camembert com conhaque, Brie com nozes, entre outras. Os turistas recebem uma minipalestra sobre queijos e em seguida são convidados a entrar na loja para fazer uma degustação e comprar os produtos. Aos poucos os parisienses se acostumaram a levar a vida em meio a um número crescente desses visitantes. O turismo de massa transformou muitas regiões de Paris — a place Maubert, a Margem Esquerda e o entorno de Notre-Dame — no que às vezes parece uma colmeia perene. Esse processo tem suas desvantagens, é claro, mas tanto os parisienses como os turistas compartilham pelo menos de uma característica: o amor por Paris. Uma conexão de almas.

Dentro de Notre-Dame, uma coexistência amigável similar a essa se revela. Nesta tarde de segunda-feira, enquanto o cônego Jean-Pierre Caveau, acompanhado pela soprano Emmanuelle Campana e pelo organista Johann Vexo, realiza a Véspera na nave, centenas de turistas perambulam em silêncio pelos corredores e pelo deambulatório. Com 14 milhões de visitantes em 2018, Notre-Dame é um dos monumentos mais populares do mundo. Aberta todos os dias do ano, com entrada gratuita, realiza 2 mil missas e celebrações todos os anos.

A contagem regressiva para a Páscoa começou. O padre lê o Salmo 27, 1-3:

> O Senhor é a minha luz e a minha salvação; de quem terei medo? O Senhor é a fortaleza da minha vida; frente a quem temerei?
>
> Quando os malfeitores avançam contra mim para devorar minha carne, são eles, meus inimigos e meus adversários, que tropeçam e caem.
>
> Ainda que um exército acampe contra mim, meu coração não temerá; ainda que uma guerra estoure contra mim, mesmo assim estarei confiante.

Às 18h18 um alarme de incêndio dispara e uma mensagem surge na tela do computador de um dos seguranças da catedral: *Zone nef sacristie* (área da nave e sacristia), mas não há incêndio na sacristia, uma pequena estrutura no flanco sul da catedral. O guarda, que trabalha na catedral há poucos dias e não havia sido informado de que as mensagens do sistema contra incêndio são bastante herméticas, e que a divisão de áreas é imprecisa, conclui, como é de se esperar, que se trata de um alarme falso. Houve alguns desses episódios nos últimos tempos, ainda mais depois do início do importante projeto de restauração do pináculo, que agora se encontra coberto por uma imensa trama metálica de andaimes. Às 18h42 um segundo alarme de incêndio dispara.

Alguns minutos depois, o monsenhor Benoist de Sinety — vigário-geral da arquidiocese de Paris, um homem enérgico e jovial de cinquenta anos — sai de sua casa na rue des Ursins, rua medieval que fica próxima à catedral e que antigamente era chamada de rue d'Enfer (rua do Inferno), e monta em sua lambreta. Dirigindo-se à igreja de Notre-Dame-des-Champs, no boulevard Montparnasse, para uma noite de orações, o monsenhor De Sinety percorre as ruas estreitas da ilha que rodeia a catedral, primeiro a rue Chanoinesse, depois a rue du Cloître-Notre-Dame, e está prestes a atravessar o Sena pela pont de l'Archevêché quando olha por um instante para o espelho lateral. Ele freia de repente e vira o rosto na direção de Notre-Dame. Chamas se projetam do telhado da catedral.[4]

***

A primeira ligação feita ao corpo de bombeiros foi registrada às 18h48, quatro minutos depois de enfim terem avisado ao guarda que a mensagem do sistema se referia ao sótão principal, não à sacristia, e dois minutos depois de ele ter subido trezentos degraus estreitos e aberto a porta que levava ao inferno em que o espaço se transformara. A "floresta", uma estrutura feita de 1,3 mil vigas de carvalho que lembra uma treliça no telhado da catedral, está em vias de ser consumida pelo fogo.

No Élysée Palace, o presidente termina de gravar seu comunicado à população, enquanto canais da televisão francesa preparam edições especiais dedicadas ao comunicado. Mas logo isso vai mudar. Fotos e vídeos feitos por pessoas que passavam pelo local, primeiro registrando a fumaça preta que saía do pináculo, depois as labaredas vermelhas que chegavam ao céu, alastram-se pelas redes sociais.

A exatos dezenove quilômetros dali, Marie-Hélène Didier, curadora do Patrimônio Nacional responsável pela arte religiosa da França, e Laurent Prades, administrador do patrimônio de Notre-Dame, acabam de chegar a Versalhes para comparecer à cerimônia de reinauguração dos aposentos de

Madame de Maintenon no palácio. Franck Riester, ministro da cultura da França, também está presente. Depois de três anos de restauração minuciosa, os quatro belos cômodos que serviram de moradia à esposa secreta de Luís XIV entre 1680 e 1715 serão abertos ao público. O champagne ainda não tinha sido servido quando os celulares começaram a vibrar no bolso dos convidados. Madame de Maintenon e Versalhes terão de esperar.[5]

Procurando a chave do carro na bolsa com uma das mãos, Marie-Hélène Didier telefona imediatamente para Philippe Villeneuve, arquiteto do Departamento de Monumentos Históricos, um dos 39 responsáveis pelo patrimônio arquitetônico da França, cada um encarregado de um portfólio de edifícios importantes. Em 1893, o Departamento de Monumentos Históricos começou a convocar os historiadores da arte e os arquitetos mais talentosos de sua geração, submetendo-os a uma série de avaliações rigorosas e desafiadoras.[6] "Garantir a sobrevivência de um monumento histórico nos tempos atuais é uma tarefa que exige erudição, talento, respeito, discernimento e qualidades morais."[7] Trata-se da elite da arquitetura da França.

Notre-Dame está dentro do escopo de Philippe Villeneuve. Ou talvez Philippe Villeneuve seja responsabilidade de Notre-Dame. Quando menino, apaixonado por música de órgão, ele encontrou sua vocação na arquitetura sentado por horas a fio nos bancos de madeira da catedral, enquanto ouvia Pierre Cochereau, o lendário organista de Notre-Dame,[8] improvisar num dos maiores órgãos do mundo, com cinco teclados, 111 paradas e 7374 tubos.

Philippe Villeneuve está na região de Charente, no sudoeste da França, e dirige a 180 quilômetros por hora para chegar à estação de trem mais próxima, La Rochelle.[9] Marie-Hélène Didier, agora também em seu carro, percebe que tomou a decisão errada. Ela acaba ficando presa no trânsito na Margem Direita de Paris, entre o Louvre e o Hôtel de Ville, e só lhe resta desligar o rádio, fechar o Twitter e observar, invadida por uma sensação de impotência. Notre-Dame está pegando fogo logo à sua frente.

Felizmente, Laurent Prades decidiu usar o transporte público e entrou no RER, a linha regional que vai de Versalhes a Paris. O trem mais rápido chega em 58 minutos. A estação de Saint-Michel-Notre-Dame acaba de ser fechada, no entanto, e ele precisa sair na estação do Museu d'Orsay. Vai precisar terminar a jornada de bicicleta: por sorte ele tem uma conta no serviço público de compartilhamento de bicicletas Vélib', que lhe permite usar gratuitamente qualquer bicicleta disponível nos bicicletários instalados em todas as esquinas de Paris. Depois, ele terá de entrar o quanto antes na área de isolamento policial. Como administrador da catedral, ele não é apenas responsável por seus sessenta funcionários, como também sabe onde ficam as chaves — e são nada menos que cem. Ele também sabe todos os códigos, inclusive o do tesouro sacro de Notre-Dame e de outro cofre discretamente instalado na capela batizada de Notre-Dame des Sept Douleurs (Mater Dolorosa), na extremidade da catedral, logo atrás da abside. Nesse cofre de vidro duplo à prova de balas, encontra-se a coroa de espinhos. Enquanto pedala até a catedral sob uma chuva de cinzas e flocos de fogo, Laurent Prades, de 42 anos, só pensa em uma coisa: impedir que a mais preciosa relíquia religiosa do mundo católico seja destruída.

***

"A culpa", diz Jean-Claude Gallet, general de três estrelas, veterano do Afeganistão e comandante-chefe do corpo de bombeiros de Paris, "[...] a culpa é atordoante. Como pudemos chegar somente quando o fogo já tinha se alastrado daquele jeito? Será que nossa central telefônica tinha pulado uma ligação?".[10] Na verdade, os bombeiros não tinham errado, nem ignorado ligação nenhuma. Eles levaram poucos minutos para chegar ao local após a primeira ligação, mas de fato pareceu ser tarde demais para salvar Notre-Dame e seu telhado de oitocentos anos.

O general Gallet entende, e muito, de incêndios. Depois de se formar na academia militar de elite de Saint-Cyr, ele se candidatou ao Corpo de Bombeiros de Paris. Napoleão fundou a brigada de incêndio em 1811, depois de escapar por um triz de um incêndio criminoso em um baile da embaixada austríaca em Paris. Na intenção de tornar o combate aos incêndios mais profissional e eficiente, ele criou a primeira unidade militar de bombeiros, com membros que antes tinham sido sapadores da Guarda Imperial. Até hoje o batalhão se dedica a proteger Paris.[11] Seu lema é "Salvar ou perecer".

Os bombeiros e bombeiras de Paris[12] não são apenas soldados: eles recebem treinamentos e adquirem habilidades únicas. Em comparação aos corpos de bombeiros de outras grandes cidades, como Londres e Nova York, eles de fato se destacam. Antes de tudo, são jovens, com uma média de 27 anos (a de bombeiros de outras capitais passa dos 40). De baixa estatura ou estatura mediana, são atléticos e fortes, e se submetem a uma rotina diária de exercícios físicos extenuantes. Entre eles está a "prancha",[13] que todos precisam realizar duas vezes ao dia, vestindo uniforme completo e capacete. Todos precisam conseguir se lançar para cima e aterrissar em uma pequena prancha posicionada a 2,40 metros do chão com uma simples flexão de braços; o teste, introduzido em 1895, foi criado para garantir que os bombeiros sejam capazes de fugir quando o piso de uma estrutura desmorona sob seus pés. Se for reprovado no teste, um bombeiro só pode voltar a participar das missões quando estiver em forma. Do alto de seus 54 anos, o general Gallet continua fazendo a "prancha" com frequência, mas não duas vezes ao dia. O general chama os homens e as mulheres do Corpo de Bombeiros de Paris de "ginastas", e esse é um dos motivos pelos quais, ao contrário das brigadas de outras capitais do mundo, a equipe prefere abordar incêndios pelo lado de dentro dos edifícios, e não pelo lado de fora.

Assim que o general Gallet chega ao pátio de Notre-Dame com sua equipe, que inclui o tenente-coronel Gabriel Plus e o general Jean-Marie Gontier, o segundo em comando, ele percebe que as regras tradicionais não servirão de nada. Já é tarde demais para salvar o telhado, e pedras medievais só aguentam a pressão da água até certo ponto. Quanto às rosáceas do século XIII, a água seria suficiente para pulverizá-las. Gallet precisa pensar em outras soluções, e precisa ser rápido.

Seu plano é combater o incêndio de todas as frentes de uma vez. Ele manda vanguardas de bombeiros subirem a estreita escada em espiral que dá acesso à cornija, a 44 metros de altura, para desviar do incêndio dando a volta pela lateral; ele cria uma cortina de água cruzada que vai do norte ao sul entre o telhado e as torres, para baixar a temperatura e proteger os campanários, que juntos abrigam dez sinos de bronze imensos; ele pede para aprontarem Colossus, o robô do corpo de bombeiros, um drone terrestre de meia tonelada que conta com uma poderosa mangueira capaz de disparar um jato de água de 3 mil litros por minuto, para entrar na nave e impedir que os detritos que vêm de cima alastrem o incêndio pelo coro e transepto. Ele sabe que seus bombeiros não vão aguentar muito mais — além do calor, uma chuva de chumbo derretido tomou conta do interior da nave.

***

Na Universidade Sorbonne, Adrien Goetz acaba de dar uma palestra sobre a importância da pintura *A Coroação de Napoleão*, de Jacques-Louis David. O historiador da arte e estudioso da obra de Victor Hugo tem 54 anos e se veste com elegância. Está recolhendo seus livros da mesa quando um alerta de seu smartphone o informa da grave situação que se deflagrou a poucas quadras de distância. Enfiando a pasta debaixo do braço, ele anda o mais rápido possível na direção do Sena.[14] Quando vira na place Maubert, uma foto do pináculo da catedral pegando fogo pula na tela do celular. Ele vê imensas colunas de fumaça marrom-amareladas subindo ao céu. Para tentar se acalmar, ele pensa no que dissera a seus alunos: só nos lembramos da coroação de Napoleão, que aconteceu em Notre-Dame em 1804, porque a ocasião se tornou uma pintura, uma imagem. Imagens entram para a história.

Adrien Goetz desce correndo a place Maubert e entra na rue Maître-Albert, uma ruazinha medieval sinuosa que o barão Haussmann decidiu manter intocada, e que até meados do século XIX atendeu pelo nome de rue Perdue (rua Perdida). "Aí eu paro de repente. Cheguei."[15] O que ele sente primeiro é o cheiro acre de carvão, e o que o preocupa em seguida é o vento, que está mudando de direção. O som inconfundível de madeira quebrando toma conta de tudo. No quai de la Tournelle, onde está agora, multidões de turistas e de parisienses como ele se colocam lado a lado, todos de frente para Notre-Dame. Apesar da aglomeração, o silêncio nas margens do rio é ensurdecedor. Até as 19h57.

"O pináculo! Não!" Vindo da multidão, um grito — de uma só palavra, *Non!* — sobe ao céu de Paris no exato momento em que o pináculo forjado em carvalho maciço e chumbo desaba com suas 750 toneladas, quebrando a abóbada de pedra da nave. "No futuro, vou ter sobrevivido a isso. Terei visto com meus próprios olhos o pináculo de Notre-Dame cair",[16] pensa o historiador. A seu lado, um senhor de idade chora copiosamente. Ele não é o único.

No posto de comando instalado em frente à catedral, o representante do corpo de bombeiros, o tenente-coronel Plus, não vê a queda do pináculo. Ele só ouve. Quando ele vira o rosto na direção da fachada, num movimento instintivo, o impacto escancara todas as portas da catedral de uma só vez, embora cada uma pese algumas toneladas.[17]

A essa altura, todo mundo está com o coração acelerado, sejam os bombeiros que combatem o incêndio ou as testemunhas que se aglomeram, imóveis, nas duas margens do Sena;

sejam parisienses, franceses ou estrangeiros, próximos ou distantes, diante da TV ou da tela do celular. Milhões e milhões de pessoas ao redor do mundo se unem em uma comunhão de medo e desespero.

Parece que tudo se acelera. São pouco mais de oito da noite. O presidente e sua esposa Brigitte chegaram. O comunicado que seria transmitido pela TV foi cancelado. Agora Notre-Dame se tornou a única preocupação da França. Na sede da polícia, do outro lado da praça da catedral, uma sala de conferências no térreo foi transformada num centro de comando. A maior parte dos membros do governo, do primeiro-ministro ao ministro da Cultura, está presente, além do chefe de polícia, do presidente da Assembleia Nacional, do promotor público, da prefeita, Anne Hidalgo, do arcebispo de Paris, monsenhor Michel Aupetit, de seu vigário-geral, Benoist de Sinety, e do reitor da catedral, monsenhor Patrick Chauvet. Todos esperam ansiosos pelo momento em que o general Gallet apresentará o resumo da situação.

Laurent Prades enfim chegou à catedral, depois de deixar a bicicleta na calçada e, sacudindo sua carteira de identidade no ar, passar por duas barreiras policiais. Ele chega quase ao mesmo tempo que o capelão do corpo de bombeiros, Jean-Marc Fournier, também veterano do Afeganistão. Nesse momento, Marie-Hélène Didier está a apenas quinze minutos dali. Vários outros curadores do Patrimônio Nacional e arquitetos do Departamento de Monumentos Históricos também se dirigiram à Île de la Cité para ajudar. Ao ver seus documentos, a polícia deixou todos entrarem. Na França, a arte e a história impõem respeito.

A prioridade de todos é só uma: salvar o tesouro de Notre-Dame e o maior número possível dos milhares de relíquias religiosas, objetos de arte e pinturas históricas presentes na catedral. Equipados com capacetes luminosos para incêndios, esse batalhão de historiadores se divide em dois grupos. Um deles, acompanhado por bombeiros, fica encarregado de buscar as obras de arte, seja no tesouro próximo à sacristia ou nas profundezas da catedral, enquanto o outro forma uma corrente humana que vai da sacristia ao jardim, aos pés dos arcobotantes. Lá, as estruturas pré-fabricadas instaladas para o trabalho de restauração farão as vezes de armazém temporário para os objetos de arte, sob o olhar atento do BRI,[18] a unidade de pesquisa e intervenção do corpo de elite da polícia, que está armada até os dentes.

Na sacristia, com a água chegando à panturrilha, Marie-Hélène Didier vai direto para o armário de madeira que guarda a túnica de São Luís. Dizem que o rei Luís IX, conhecido como São Luís desde sua canonização, em 1297, usava esse simples traje de linho branco quando levou a coroa de espinhos de Jesus a Paris, vindo de Bizâncio, em 1239, depois de pagar uma fortuna por ela.[19] Marie-Hélène também recolhe o flagelo de São Luís (católico devoto, o rei francês nutria o hábito da autoflagelação). Os colegas de Marie-Hélène andam de vitrine em vitrine, quebrando vidros e arrombando fechaduras quando necessário.

Laurent Prades e o capelão Fournier estão mais perto do fogo. Os dois se embrenharam no interior da catedral, atrás da abside, na capela de Notre-Dame des Sept Douleurs. A nave está repleta de vigas queimadas, que lembram um jogo de varetas pretas em versão gigante; pode-se vislumbrar uma parte do céu azul-escuro através de um grande buraco no telhado; tições voam pelo ambiente sufocante e fumacento. Prades pensa consigo que precisa parar de olhar a devastação que o rodeia e se concentrar na tarefa que o aguarda.[20] Em sua ausência, os bombeiros tentaram arrombar o cofre duplo, mas não conseguiram. Agora, munido da chave correta, Prades precisa se lembrar da senha certa. Ele tenta uma — uma mensagem de erro pisca no visor. Depois outra. Sua memória não colabora. Os celulares não estão completando as chamadas, mas continuam enviando mensagens de texto. Dois sacristãos sabem a senha. Ele pede ajuda. Às 20h42, recebe uma mensagem com a senha correta.[21] A porta do cofre se abre. Os homens pegam a caixa de couro vermelho que guarda a coroa de espinhos, além de um prego da cruz sagrada e de um pedaço da própria cruz. Eles se refugiam na sacristia sob uma saraivada de brasas e chumbo derretido. O chapelão Fournier não para de pensar no bombeiro italiano Mario Trematore, que, em 11 de abril de 1997, salvou o santo sudário das chamas enquanto um incêndio devastador engolia a capela de Guarini, em Turim. Trematore tinha conseguido, sem a ajuda de ninguém, com apenas uma machadinha, partir ao meio um escudo à prova de balas e pegar a caixa de prata que continha o sudário.[22]

O gabinete da prefeita providenciou caminhões para transportar as preciosas relíquias e obras de arte até a prefeitura, do outro lado do Sena, na Margem Direita; a prefeita tem salas seguras onde as peças podem ficar até serem despachadas para o Louvre. Marie-Hélène Didier sobe no primeiro caminhão, ao lado do motorista, levando a coroa de espinhos e a túnica de São Luís no colo. Do outro lado da praça, onde a notícia da operação de resgate das obras de arte já chegou ao centro de comando improvisado, sorrisos tímidos iluminam o rosto dos presentes. O alívio dura pouco.

A polícia enviou drones que pairam no céu acima de Notre-Dame. O objetivo é examinar o incêndio e visualizar os danos causados à estrutura do edifício. Nesse momento, um telão transmite o que os drones veem. Os espectadores arregalam os olhos e levam a mão à boca. Imagens de uma imensa cruz vermelha de fogo, que envolve a nave e os transeptos, numa cena digna do sabá dos feiticeiros, deixam todos apavorados. Para alguns, o choque é violento demais. O reitor Chauvet desmaia nos braços da prefeita.[23] O pior, no entanto, ainda está por vir.

Um dos bombeiros, Laurent Clerjeau, é também desenhista profissional, e vem fornecendo desenhos aos generais Gallet e Gontier há mais ou menos uma hora. Sua missão é oferecer ao alto comando a *vue d'ensemble*, um quadro geral do comportamento e da progressão do incêndio, das mudanças na direção do vento, de todos os detalhes que possam ajudá-los a combater o fogo. De tempos em tempos ele pede permissão para ir até a catedral para ter uma visão mais clara da situação, que continua evoluindo rapidamente. Munido apenas de um lápis e um caderno, ele corre de um ponto a outro e informa os superiores na mesma hora. Logo após as oito da noite ele pede permissão para ir até a galeria de quimeras, que conecta as duas torres. Algo vinha incomodando Clerjeau havia algum tempo. O que era o brilho fraco que emanava de uma janelinha do campanário norte? Ele também notou que as *abat-sons*, ou venezianas, do campanário estavam ligeiramente abertas. Isso é preocupante. Qualquer abertura em um prédio em chamas pode criar um efeito de sucção capaz de acender incêndios novos e flamejantes. Além disso, o vento sul agora empurra as nuvens de gás de 800°C criadas pelo incêndio direto para a torre norte. Ele sobe correndo os 380 degraus que levam à galeria superior da fachada; a temperatura é praticamente insuportável. Clerjeau logo dá a volta pela torre norte e repara em uma porta semioculta, que deve proteger uma pequena escada que leva ao topo. Ele arromba a porta com alguns chutes e consegue entrar.[24] Olha para cima e na mesma hora pega o rádio: "Incêndio se alastrando na torre norte!". Ao ouvir essas palavras no posto de comando a 43 metros dali, o general Gallet empalidece.

A torre norte abriga oito sinos enormes, dispostos em pares ao longo de dois níveis, com dois pares por andar. Toda a estrutura que os sustenta é feita de vigas de madeira muito grandes e pesadas que datam da Idade Média, assim como no sótão da catedral. Os sinos têm belos nomes — Gabriel, Anne-Geneviève, Denis, Marcel, Etienne, Benoît-Joseph, Maurice e Jean-Marie — e, juntos, pesam 16,6 toneladas.

Caso a estrutura de madeira pegasse fogo, os sinos despencariam e levariam a torre junto. A torre sul, que abriga os dois outros — os maiores —, o grande sino Emmanuel, de 13,2 toneladas, e Marie, de seis toneladas, sem dúvida seria a próxima, e com a segunda torre a fachada inteira desmoronaria, e aos poucos, o restante do edifício. Seria inevitável que os edifícios ao redor da catedral, agora felizmente evacuados, fossem atingidos.[25]

O general Gallet troca algumas palavras com seus homens. Não é preciso falar muito: os olhos dizem tudo. Ele conhece todos há anos; isso facilita a comunicação e a tomada de decisões. Agora ele precisa informar seu plano ao presidente.

Cada minuto conta. Gallet entra no centro de comando com o uniforme de bombeiro, espalhando água pela sala inteira. "Eu precisava ser breve e escolher as palavras certas",[26] relembraria três meses depois.

Para ele, a resposta é simples. A situação é tão grave que a única opção é arriscar tudo. Cinquenta homens do Grupo de Reconhecimento e Intervenção em Ambientes Perigosos (Grimp, na sigla em francês), uma unidade de intervenção de elite especializada em operações em ambientes de risco, devem se dirigir às torres imediatamente para combater o incêndio de perto, num combate corpo a corpo. "Se a gente quiser ver as torres em pé quando o dia de amanhã nascer, essa é nossa única chance." Uma voz rompe o denso silêncio que domina a sala e pergunta: "Você avaliou o risco?". O general Gallet responde: "Estou ciente do risco e o aceito". O presidente Macron, com a esposa Brigitte a seu lado, vai até ele e segura firme seu braço. "Obrigado, general, vá em frente, não há nenhuma dúvida."

Enquanto o esquadrão do Grimp sobe a escada em espiral para acessar a plataforma que separa as duas torres e instala arpéus, amarras e cordas, em caso de precisarem fazer uma evacuação de emergência pela fachada, outra equipe traz mais mangueiras conectadas direto às bombas de incêndio que estão lá embaixo. A equipe vai precisar da máxima pressão possível.

Uma vanguarda de bombeiros está prestes a entrar na torre norte. Alguns deles olham ao redor: de um lado está o telhado da catedral, um caldeirão saído do inferno; do outro, 43 metros abaixo, centenas de bombeiros os observam, e nas pontes e margens há um mar de gente, jovens e idosos, de diferentes etnias e credos, mães com seus filhos no colo, com o rosto voltado para eles.

A essa altura a torre norte foi consumida pelo incêndio; as chamas chegam a dez metros de altura. O piso que separa os dois conjuntos de sinos está em chamas. Eles precisarão subir agachados. O tenente encarregado verifica com cuidado cada trecho da escada, seguido de perto por seus homens. Ele ainda não viu os sinos, e de súbito um degrau, já queimado, desaba sob seu peso. Seu tanque de ar amortece quase todo o impacto da queda no campanário.[27] Depois de parar alguns segundos para se recuperar, levanta-se e continua a subida.

Os próximos trinta minutos vão determinar o destino de Notre-Dame.

O general Gallet também enviou três homens à torre sul para resfriá-la e evitar que o fogo se alastre. Eles apontam as mangueiras na direção de Emmanuel e de sua irmã, Marie. Emmanuel, que está ali desde 1686, é um dos maiores sinos do mundo. Sua voz grave, em fá sustenido, só se revela em raras ocasiões, comovendo sempre os presentes. À medida que a água escorre pela cintura de Emmanuel, um lamento começa a reverberar por toda a torre. "O que é isso?", os três bombeiros se perguntam. Os sinos começaram a gemer, a se lamentar. Notre-Dame está chorando.[28]

São 21h35. O general Gallet se coloca diante das câmeras de TV, sozinho. Alguém precisa informar os franceses da gravidade da situação. "Não sabemos se seremos capazes de salv... impedir que o incêndio se alastre pelo campanário norte. Se ele desmoronar, vocês já devem imaginar a gravidade dos danos." Os milhões de pessoas que assistem ao comunicado entendem, de repente, neste exato momento, que Nossa Senhora corre grande perigo. O general prefere ignorar a chuva de perguntas que sua declaração desperta; já disse o suficiente. Ele volta ao posto de comando para ficar ao lado de sua equipe.

Como se tivessem combinado, nesse momento o arcebispo Aupetit publica uma mensagem no Twitter: "A todos os padres de Paris: os bombeiros continuam lutando para salvar as torres de Notre-Dame. A estrutura de madeira, o telhado e o pináculo foram destruídos. Rezemos. Toquem seus sinos e passem esta mensagem adiante".

Adrien Goetz, no meio da multidão que se aglomerou no quai de Montebello, intui que se trata de um momento decisivo. Basta olhar as torres para saber que a situação chegou a um ponto crítico. Milhares e milhares lotam a rue Dante e a rue de la Bûcherie, uma das mais antigas da Margem Esquerda, que data do início do século XIII, e onde os comerciantes vendiam toras de madeira. Dali é possível ver parte da fachada da catedral e o flanco sul com sua rosácea.

O que ocorre no quai Saint-Michel remonta a outros tempos: parisienses jovens e não tão jovens estão de joelhos. Quando foi a última vez que Paris se tornou cenário de acontecimentos tão estarrecedores? Alguns rezam em silêncio, outros cantam "Ave Maria" em voz baixa. Essas imagens, transmitidas pela TV, chocam esse país que se orgulha de ser tão secular e abalam profundamente esse povo que encara tudo com um violento ceticismo. Perplexa, a França percebe que sua história é muitíssimo cristã, mesmo que esteja soterrada sob cem anos ou mais de secularismo.

Então sinos começam a soar de todos os cantos da capital francesa, ou melhor, de toda a França, juntando-se a uma imensa oração por Notre-Dame. Os padres atenderam ao chamado de seu arcebispo. Todos os sinos de igreja da França tocam em nome de seus irmãos, prisioneiros de um inferno mortal. O momento é solene; é sublime.

O general Gallet ordenou que todos os seus homens saíssem da catedral e enviou Colossus, o robô, para dentro do incêndio, para a nave. Só os cinquenta membros do esquadrão do Grimp continuam nas torres, combatendo o fogo de perto. Ele também pediu que telêmetros a laser fossem colocados ao redor e dentro de Notre-Dame para monitorar constantemente a estabilidade da estrutura da catedral. As informações fornecidas pelo aparelho laser não são animadoras: a catedral está sofrendo muito; seu equilíbrio está sob imensa pressão. "Recebi a notícia de que a empena norte oscilou um centímetro. Um centímetro!",[29] o general Gallet confessa mais tarde. Considera-se que um edifício está prestes a desmoronar quando oscila apenas dois ou três milímetros.

Ao olhar para cima, o general Gallet vê a sua equipe lutando contra o incêndio na torre norte e na galeria superior. "De onde estou, as luzes dos capacetes dão a impressão de que eles são vaga-lumes." Não consegue deixar de pensar em seu amigo americano, Joe Pfeifer, o primeiro chefe dos bombeiros a chegar ao local depois do ataque ao World Trade Center, na manhã de 11 de setembro de 2001. Os dois tinham palestrado juntos em uma conferência sobre liderança em Harvard. "Entrar ou não entrar no edifício?", eis sempre a questão.

Ele sente que nunca viveu nada parecido com o incêndio de Notre-Dame. "Ela é um ser vivo", diz o general Gallet. Esta noite, uma mudança que é ao mesmo tempo de paradigma e de semântica está acontecendo no coração de Paris. "Notre-Dame era, para mim, história, literatura e iconografia. Agora, ela se tornou pedra e madeira",[30] percebe Adrien Goetz enquanto contempla a catedral. A vontade de dizer "ela" sempre que nos referimos à catedral, ou apenas pensamos em Notre-Dame, começa a se impor de forma lenta e natural. Pensávamos que ela fosse imortal, pensávamos que era feita de matéria perene, pensávamos que sobreviveria após a morte de Paris, que presenciaria o fim dos tempos, muito depois de todos nós virarmos cinzas. Não se trata sequer de uma questão de fé ou crença, de ser católico, parisiense ou francês. Qualquer pessoa que tenha um dia se aproximado de Notre-Dame e se emocionado com sua beleza e presença benevolente percebeu hoje como ela é vulnerável.

Assim com o pão e o vinho consagrados se tornam o corpo e o sangue de Cristo para os católicos, um outro tipo de transubstanciação ocorre neste momento, na Île de la Cité e no coração e pensamento dos espectadores, próximos ou não. Notre-Dame é de fato feita de carne e osso, ela é parte de quem somos.

São onze da noite quando o general Gallet se sente confiante para declarar ao presidente que o incêndio da torre norte foi controlado. As pessoas presentes no centro de comando precisam de longos minutos para absorver essa notícia maravilhosa, pela qual não ousaram torcer, mas rezaram com verdadeiro fervor.

Às 23h30 o presidente Macron, acompanhado do primeiro-ministro, Édouard Philippe, com a prefeita Hidalgo à sua direita e o presidente da Assembleia Nacional, o arcebispo de

Paris e o general Gallet à sua esquerda, aproxima-se das câmeras de TV diante de Notre-Dame. Ele se dirige à nação:

> O que ocorreu hoje é uma grande tragédia, e quero, antes de mais nada, cumprimentar os quinhentos bombeiros que lutaram e continuam lutando contra o fogo com extrema coragem e profissionalismo, e cujo comandante se mostrou absolutamente determinado. Quero transmitir a eles a gratidão de todo o país. Conseguimos evitar o pior, mesmo que ainda não tenhamos vencido a batalha. Ainda temos horas difíceis pela frente, mas, graças à coragem dessas pessoas, a fachada e as duas torres não desabaram.

O presidente fala esta última frase quase em um sussurro. E então prossegue:

> Penso nos católicos, da França e do mundo. Eu sei o que vocês estão sentindo, e estamos com vocês. Penso em todos os parisienses e em todos os nossos compatriotas, pois Notre-Dame é a nossa história, nossa literatura, nosso imaginário coletivo, o lugar onde vivemos todos os nossos grandes momentos, nossas guerras e nossas liberações. É o epicentro da nossa vida, o marco zero da França; é tantos livros, tantas pinturas, é a catedral de todo o povo francês, até mesmo das pessoas que nunca pisaram nela. A história dela é a nossa história, e ela foi atingida por um incêndio. Eu sinto a tristeza, esse calafrio que vem de dentro, e o medo que todos nós sentimos, mas também quero que tenhamos esperança.

Agora ele sorri, quase revigorado:

> Sentimos esperança no orgulho de presenciar todos que se esforçaram tanto para evitar o pior, o orgulho de saber que há 850 anos nós construímos essa catedral. Agora eu digo a vocês, e digo solenemente, que nós vamos reconstrui-la, todos nós juntos. É o nosso destino. Dentro de algumas horas, vamos criar um fundo público, vamos convocar os profissionais mais talentosos para que contribuam para a reconstrução, porque vamos reconstruí-la, vamos reconstruir Notre-Dame. Porque é isso que os franceses querem, é isso que nossa história merece, porque esse é nosso grande destino.[31]

***

A estrutura estava a salvo. Em casa ou às margens do rio Sena, um país inteiro sentiu que acabara de ser nocauteado. "Pouco a pouco, as pessoas na multidão começam a falar umas com as outras. Estamos parecendo sobreviventes de um naufrágio."[32] Adrien Goetz, como muitos outros, vai continuar ali por mais algumas horas, de vigília até o amanhecer.

As centenas de obras de arte, relíquias e pinturas resgatadas foram guardadas na prefeitura, de onde a prefeita acaba de voltar às pressas. Já passa da meia-noite. Marie-Hélène Didier mais tarde se lembrará de não ter sentido nada enquanto carregava as relíquias sagradas no colo naquele primeiro caminhão que partiu da catedral.[33] A urgência a deixara anestesiada. Agora, enfim na segurança da prefeitura, diante de todos os tesouros resguardados, as emoções transbordam e ela não consegue mais segurar o choro. Uma chuva de lágrimas. É insuportável pensar que tudo poderia ter perecido.

***

"Entremos?", pergunta o presidente Macron, depois de fazer seu comunicado improvisado à nação em frente a Notre-Dame. O general Gallet assente. Na entrada da catedral, o presidente e sua pequena comitiva são recebidos por uma visão impactante. Para além da nave e do coro, cobertos de água cinzenta e de uma quantidade imensa de destroços carbonizados e vigas de carvalho escurecidas, a cruz dourada e a *Pietà* continuam em pé, imaculadas. A Virgem Maria e Cristo deitado em seu colo revelam-se em seu mármore branco impecável, poupados, intocados. À direita dessa *Pietà* do início do século XVII, feita por Nicolas Coustou, está uma estátua de mármore de Luís XIII de joelhos, oferecendo sua coroa à Virgem Maria, enquanto, à esquerda, uma estátua de seu filho, Luís XIV, olha para a mãe de Cristo com reverência e adoração. O pináculo e a abóbada desabaram a seus pés.

São duas da manhã quando o general Gallet inspeciona a catedral mais uma vez. Ainda há seis focos de incêndio controlados aqui e ali, e vai levar alguns dias até que sejam apagados. "Dentro da nave, de relance, vejo uma mancha branca em meio aos destroços carbonizados que cobrem o que resta do altar." Na verdade, trata-se de um grande livro bege de capa de couro, aberto, com as páginas cobertas por uma camada de pó espessa. "À medida que me aproximo, intrigado, consigo ler uma palavra em meio ao pó: *espérance* [esperança]." O lecionário, uma seleção de leituras das escrituras, sobreviveu ao incêndio. Está aberto à espera da ressurreição.

2

1163
A PRIMEIRA PEDRA

> "Se um dia a construção desse monumento
> for concluída, nenhum outro chegará a seus pés."
> Robert de Thorigny[34]

Em meados do século XII, Paris era uma capital que estava prestes a entrar num período de fenomenal expansão econômica, política, territorial, intelectual e artística. Seriam 150 anos de crescimento e desenvolvimento contínuos, um acontecimento que não voltaria a se repetir até os dias de hoje. E, então, nessa época tão auspiciosa, a catedral de Notre-Dame foi construída.[35]

Apesar do renascimento das cidades entre os séculos X e XIII, apenas 15% da população era urbana. Em consequência disso, as cidades não eram muito grandes: Marselha tinha 10 mil habitantes, Lyon, 20 mil. Na verdade, as cidades mais populosas da Europa estavam em Flandres e na Itália: Gante tinha 64 mil habitantes, Florença, 100 mil, e Milão e Veneza, berços da cristandade, chegavam a 200 mil, enquanto Londres tinha apenas 40 mil.

Já Paris, no entanto, conseguiu a façanha de ser, de longe, a cidade mais populosa do mundo ocidental, mesmo em um reino majoritariamente rural. Com 270 mil habitantes[36] num espaço de menos de quatrocentos hectares,[37] era a encarnação do conceito de cidade.

Paris era a capital da França, mas e a França, o que era? No final do século XII, o domínio real francês tinha o formato de uma *bandelette*, uma faixa das mais exuberantes terras agrícolas que se estendia da cidade de Amiens, ao norte, até Bourges, ao sul, com Paris ao centro. Porém, depois de uma série de guerras de conquista, em 1204 o rei Filipe II, também conhecido como Filipe Augusto, obteve para a França uma variedade de novos territórios: Normandia, Maine, Anjou, Touraine, Poitou e o restante das terras dos Plantageneta até a cidade de Bordeaux, a sudoeste de Paris, na costa do Atlântico. Em 1229, Languedoc foi cedido ao conde de Toulouse, que era vassalo do rei, enquanto em 1285, Champagne foi comprada por decreto real. Alguns anos depois, a região de Lyon fez a França ficar ainda maior.[38]

Enquanto outras cidades europeias desempenhavam uma ou duas funções (Gante era um centro industrial; Bolonha, cidade universitária; Veneza, potência comercial), Paris representava todas. Em primeiro lugar, tinha uma vida econômica próspera graças a seus muitos artesãos especializados. Em 1268, *Le Livre des Métiers*, mantido pelo reitor de Paris, Étienne Boileau, registrava novecentas atividades profissionais diferentes.[39] O poderoso comércio de tecidos, por exemplo, empregava um exército de trabalhadores qualificados: tosquiadores de lã, penteadores, cardadores, fiandeiros, tecelões, tintureiros e, claro, os próprios comerciantes. E quem trabalhava com lã era proibido de comercializar algodão ou seda, dois produtos que eram igualmente regulamentados. Comerciantes e mercadores, principalmente de trigo, vinho e lã, uniram-se num grupo particularmente poderoso e monopolizaram o comércio que havia ao longo do rio Sena.

Tanto o poder real como o episcopal logo entenderam que seria melhor colaborar com os burgueses ricos.[40] Nesse período, a maioria dos senhores feudais decidiu passar a morar na cidade, onde circulavam os produtos que vinham de suas propriedades; os mercadores então os vendiam em nome dos senhores. Em um momento marcado por conquistas territoriais e crescimento econômico, todos tinham interesse em unir forças. Ao partir para a Terceira Cruzada em 1190,[41] Filipe II fez questão de que, em sua ausência, a cobrança de impostos coubesse a sete desses burgueses parisienses ricos, não a parentes aristocratas. Dez anos depois, Filipe recrutou mais burgueses para auxiliar na administração e na gestão financeira de seus novos territórios, entre os quais se incluíam Normandia e Languedoc. Graças a esse trabalho inteligente de supervisão, essas anexações fizeram a fortuna real dobrar de tamanho e tornaram a França o reino mais rico da Europa.[42]

Sendo uma potência econômica com uma burguesia engenhosa que se tornava cada vez mais próspera, Paris era também centro religioso, a sede da diocese. Na Île de la Cité, os bispos todo-poderosos de Paris moravam no palácio episcopal, onde contavam com centenas de padres e cônegos para auxiliá-los em suas tarefas. Uma delas era a educação. Logo Paris ganhou reconhecimento como centro de excelência na Europa, graças a suas prestigiosas escolas episcopais e suas recém-fundadas universidades. Jovens sacristães e estudantes saíam das províncias da Normandia e Picardia e de regiões vizinhas, como

Inglaterra, Escandinávia, as terras germânicas, Flandres e Itália, e se aglomeravam na Île de la Cité para garantir sua formação. Os mais pobres iam morar ao sul do Sena, na área que ainda não era conhecida como Margem Esquerda, onde o aluguel era mais barato. Esse contingente de estudantes, majoritariamente composto de jovens rapazes inquietos, representava 10% da população de Paris, enquanto no restante do país equivalia a apenas 2%. Por consequência, a prostituição era tolerada, na intenção de proteger as jovens mulheres da burguesia desse cenário de desequilíbrio demográfico e promiscuidade. Paris não tinha bordéis municipais, mas era possível encontrar prostitutas em qualquer boa taverna.

Esses estudantes não viviam isolados do mundo. Faziam parte da época em que viviam. Quase todos eram membros da Igreja; eram clérigos tonsurados, estavam sujeitos à jurisdição do bispo. Aprender era um ato religioso, contudo esses estudantes se preparavam para uma missão ativa, secular e pastoral. Era uma missão verbal. Caberia a eles levar a Palavra — o conhecimento de Deus — aos leigos.[43]

Os grupos de estudantes eram muito instáveis, e ou cresciam ou se desfaziam, dependendo da habilidade de seu mestre. Por volta de 1510, Paris havia tomado Laon, Chartres e Saint-Denis. O reconhecimento conquistado por Abelardo, o professor mais brilhante de sua época, teve um grande papel nessa vitória. Mestres mais arrojados, que pensavam de forma independente — cuja ousadia atraía um número maior de estudantes — alugavam tendas na rue du Fouarre e na Petit Pont, ambas muito próximas da futura catedral. Ao sul do Sena, um novo distrito completamente dedicado aos estudos crescia em frente à Île de la Cité.

Paris finalmente recuperara seu antigo status de capital do reino, que havia sido concedido por Clóvis, fundador da dinastia Merovíngia no fim do século v. Em 1190, quando Filipe II ergueu um muro ao redor da cidade para defender o tesouro e os arquivos reais, que ele havia transferido para lá havia pouco tempo, Paris se estabeleceu oficialmente como local de residência preferencial da realeza. "Paris era a cidade do rei, a primeira cidade da Europa medieval a se tornar o que Roma já não era havia muito tempo: uma genuína capital. Paris se tornou a capital não de um império, nem de uma certa comunidade cristã, mas de um reino, *do* reino."[44]

Pouco a pouco, Paris foi ganhando uma vocação quádrupla: a de cidade real, de cidade dos mercadores, de cidade do bispo e de cidade universitária. "Nas ruas estreitas de onde as escolas brotavam, um novo espírito nascia."[45]

***

É preciso mergulhar na vida cotidiana da Île de la Cité de 1150 a 1300 para compreender o feito extraordinário que foi a construção de Notre-Dame no local onde já existia uma catedral em funcionamento, que inclusive acabara de ser reformada. Com seus 15 mil habitantes (que hoje não passam de mil), a Île de la Cité não estava só cheia de gente; também estava lotada de pequenas moradias separadas apenas por ruas muito estreitas, ao longo das quais se amontoavam lixo e fezes. Os ricos e os miseráveis eram vizinhos de porta, e casas maiores ficavam ao lado de moradias caindo aos pedaços. A praça em frente à antiga catedral fervilhava com o bricabraque de lojas e barracas, os gritos dos vendedores ambulantes e os aromas pungentes de peixe ou da carne que era cortada, desossada e comercializada sobre blocos de concreto vazado. Feiras e eventos eram muito comuns — os mais populares eram o mercado de cebola e flores, no dia 8 de setembro, e, cerca de seis meses depois, no último dia da Quaresma, a multicolorida feira do presunto, que às vezes exigia a intervenção do meirinho:

> Neste pátio onde se pode contemplar
> a face de um templo esplêndido
> Uma floresta de presuntos cresce por todo lado
> como se alguém a tivesse plantado.[46]

Procissões religiosas também aconteciam com frequência, sempre que ocorria uma catástrofe natural, como enchentes ou tempestades. Nessas ocasiões, o santuário de Santa Genoveva, padroeira de Paris, era exibido para todos os interessados.

A praça em frente à antiga catedral era um espetáculo em todos os sentidos da palavra. Do cadafalso às vezes pendia um criminoso condenado à morte pelo bispo, que tinha autoridade judicial em sua área. Às vezes, instalavam uma plataforma para as apresentações dos *mystères* (representações dos mistérios cristãos).

***

Quem financiou a construção da Notre-Dame de Paris e, de maneira geral, toda a reformulação urbana da Île de la Cité? A resposta curta é que ninguém sabe ao certo. Só um punhado de documentos contábeis subsiste. Historiadores que se interessavam pelo assunto saíram em busca de comprovantes de doações direcionadas à construção e à ornamentação da catedral, e para isso analisaram os registros e obituários de arquivos independentes,[47] e a partir deles tiraram suas conclusões.

Pelo visto, todo mundo, desde os parisienses pobres até o rei e sua comitiva, fez doações para a construção de Notre-Dame ou contribuiu com ela de uma forma ou de outra ao longo dos séculos XII e XIII. A maior parte do dinheiro, entretanto, parece ter vindo de um só homem, o bispo Maurice de Sully, e de sua generosa renda, que, ao que tudo indica, foi empregada quase toda nesse imenso projeto urbano. Essa renda tinha várias origens. Os bispos eram donos dos melhores terrenos disponíveis em um raio de cinquenta quilômetros ao redor da Île de la Cité, e suas enormes tulhas viviam lotadas com os dízimos que os fiéis pagavam a cada colheita. Também controlavam a cidade, explorando seus mercados e feiras e recolhendo uma variedade de impostos, como o que incidia sobre todas as transações feitas em Les Halles, que já era seu centro comercial e principal mercado.[48] Dessa maneira, eles lucravam diretamente tanto das terras quanto do comércio. Também era possível arrecadar dinheiro rápido para a construção de Notre-Dame com a venda de alguns dos bens da diocese — afinal, ela era dona de dois terços dos imóveis parisienses.

De acordo com o monge Anchin, na época conhecido por suas crônicas, Maurice de Sully se valia dos "próprios recursos, e não os alheios".[49] Filho de camponeses, De Sully não tinha riqueza própria, e só por meio da gestão cuidadosa e inteligente de sua renda episcopal foi capaz de conseguir os valores necessários para financiar seus projetos arquitetônicos.

Uma das provas da dedicação e generosidade De Sully está em seu testamento, que inclui a doação de mil libras para a compra do chumbo que seria utilizado no novo telhado da catedral.[50] Curiosamente, dois de seus sucessores também se mostraram bastante generosos: Jean de Paris e Simon Matifas de Buci, os bispos que supervisionaram a fase final da construção e parte da reconstrução no início do século XIV. Em seu testamento, em 1270, Jean de Paris deixou dinheiro suficiente para que construção dos transeptos fosse concluída,[51] enquanto Simon Matifas de Buci investiu mais de 5 mil libras entre 1298 e 1304 na criação de três capelas relevantes.[52]

As doações assumiam várias formas, por exemplo, o estabelecimento de capelas ou fundos fiduciários que empregavam padres para a realização de missas pelas almas de pessoas recém-falecidas, que às vezes eram os próprios doadores. Muitos burgueses ricos que trabalhavam para o rei francês, como Jean Sarrazin, camareiro de Luís IX, fizeram várias dessas doações generosas para diferentes igrejas parisienses e para Notre-Dame.[53] Quando capelas foram construídas dentro da catedral, os burgueses de Paris não só patrocinaram a criação de 36 capelas, uma por igreja, como custearam a maior parte da construção de cada uma delas.[54] As doações não chegaram a cobrir o custo da construção do edifício em si, é claro, mas sua existência mostra que, como Sully havia insistido que fizessem em seus sermões,[55] os burgueses de Paris devem ter gastado um bom dinheiro — como um investimento tanto em sua felicidade na Terra como, e principalmente, na paz de suas almas após a morte. Eles tinham se beneficiado tanto do crescimento econômico contínuo que podiam fazer generosas doações para sua nova catedral e também para outras igrejas de Paris.[56] "Os leigos ricos sempre fizeram doações generosas porque se preocupavam com suas almas", escreveu o historiador francês Georges Duby.[57]

Os mais pobres também contribuíram de forma significativa para a construção de Notre-Dame, não exatamente porque queriam, mas por meio de seus sacrifícios e das dificuldades que enfrentavam. Os 2 mil servos que trabalharam nas terras do bispo tinham que pagar a *taille* (imposto sobre a terra), que lhes era cobrado pela Igreja sempre que fosse conveniente. Entre 1210 e 1232, ou seja, no período da construção da fachada de Notre-Dame, os servos foram obrigados a pagar a *taille* cinco vezes, uma vez a cada quatro anos e meio. A pressão era tanta que alguns cônegos dissidentes, temendo o que consideravam uma revolta legítima, pediram que os servos fossem isentados de pagar o imposto pelos vinte anos seguintes.[58] E eles tinham razão. Em 1233, os burgueses de Rheims se opuseram aos impostos excessivos cobrados por outro prelado que construía igrejas, exigindo que interrompesse as obras e dispensasse os pedreiros e entalhadores.[59]

No entanto, o importante papel desempenhado por esses camponeses trabalhadores foi reconhecido por todos, principalmente pelos construtores e escultores de pedra. Uma imagem dos bois usados na aração, esculpida em pedra, coroava as torres da catedral de Laon, e representações do trabalho dos agricultores em diferentes estações do ano surgiram no capitel de todas as catedrais. Era mais do que justo homenageá-los dessa forma, pois o trabalho deles permitiu que os edifícios fossem construídos pouco a pouco. "Todos os trabalhadores e agricultores eram conquistadores, e a própria catedral os enalteceu."[60]

E quanto ao Luís VII, que foi rei da França de 1137 a 1180? Será que ele contribuiu para o início da construção de Notre-Dame? Não muito, na verdade. Foi apenas com seu filho, Filipe II (reinado: 1180–1223), quem o bispo De Sully batizou em 1165, que Paris ganhou verdadeira importância perante a monarquia francesa. Luís VII estava mais interessado em financiar mosteiros cistercienses do que novas catedrais. E se Filipe II também não contribuiu muito para a construção em si, cujo processo ele poderia acompanhar de seu palácio real na Île de la Cité, ele investiu pesado na defesa de sua capital e de seu reino ao erguer muros nas Margens Esquerda e Direita do Sena e fortalezas como a do Louvre.

Na verdade, Filipe II contribuiu muito para que a catedral de Notre-Dame, mesmo antes de sua conclusão, tornasse-se um símbolo do poder. Numa decisão bastante incomum, ele a escolheu para receber a sepultura de sua esposa, Isabella de Hainault, que morreu no parto em 12 de maio de 1190.[61] O túmulo dela foi encontrado em 19 de fevereiro de 1858, durante a restauração conduzida por Eugène Viollet-le-Duc. Enterrado ao lado de Isabella estava seu sinete de prata.[62] O fato de o rei da França ter decidido sepultar sua esposa na nova catedral de Paris, com seu sinete intacto, revelou-se um acontecimento memorável. Até então, nenhuma igreja competia com Saint-Denis-en-France pelo patronato real. Desde os tempos de Dagoberto, no século VII, os sucessores de Clóvis escolhiam Saint-Denis como seu local de sepultamento, e lá as três dinastias consecutivas que governaram o reino da França continuaram a enterrar seus mortos. Carlos Martel, Pepino, o Breve, e Carlos, o Calvo jaziam no túmulo real perto de Dagoberto e seus filhos, e próximos de Hugh Capet e de seus ancestrais, dos duques da França e de seus descendentes, os reis.

Aos poucos, no entanto, a catedral de Notre-Dame começou a ganhar importância junto à realeza. Filhos de reis passaram a ser enterrados lá, como o filho de Henrique II, Geoffrey, duque da Bretanha, e, em 1218, o filho de Luís VIII, Filipe, conde de Bolougne. E, se por um lado, Luís IX (reinado: 1226–70) interrompeu por algum tempo a ascensão de Notre-Dame nas cerimônias reais, dando preferência a Saint-Denis e Rheims, ficou difícil ignorar Notre-Dame quando seu caixão foi trazido de volta das Cruzadas em 1271 e houve uma pausa em frente à catedral. Já na época de sua coroação, em 1285, Filipe IV (reinado: 1285–1314), neto de Luís IX, escolheu Notre-Dame como símbolo de seu poder real e espiritual.

***

"O anonimato cai bem às catedrais. Nada de assinatura na parte inferior da fachada, nem data de fundação que se torne um evento. Os construtores faziam seu trabalho e depois iam construir em outro lugar",[63] afirmou o escritor francês Sylvain Tesson, que, no início da década de 1990, quando era um jovem fascinado pelas alturas, tinha o hábito de escalar Notre-Dame durante a noite.

Nunca saberemos o nome do arquiteto que, sob as ordens do bispo Maurice de Sully, desenhou a planta de Notre-Dame. Nunca saberemos de onde ele veio, se era filho de camponeses como De Sully ou parente de Luís VII, nem como aprendeu o ofício, nem quais foram suas obras anteriores. Só podemos valorizar o arquiteto por meio do que ele realizou em Notre-Dame. Mas uma coisa é certa: De Sully escolheu um arquiteto que foi capaz de entender e pôr em prática o que ele ambicionava para a nova catedral. Não é difícil imaginar os dois homens em meio a discussões acaloradas e longas reuniões que dariam origem a uma infinidade de documentos, ainda que hoje todos tenham se perdido:[64] maquetes, esboços, plantas, diagramas e elevações. Após chegarem a um acordo, os desenhos finais teriam sido transformados em documentos entregues aos trabalhadores responsáveis pela obra, como o mestre de obras e sua equipe de entalhadores, rachadores e cortadores. O ritmo ágil das primeiras décadas de construção revela que os construtores seguiam desenhos e instruções claros e detalhados, e que havia de cem a quatrocentos trabalhadores, pelo menos, dedicando-se ao projeto seis dias por semana.[65]

A precisão era fundamental. Maurice de Sully, com sua confiança na própria capacidade de financiar tudo sozinho, e com seu raciocínio de urbanista, deu início a uma pequena revolução topográfica no coração de Paris. A nova catedral era apenas um elemento central de um projeto bastante ambicioso. Logo depois de remodelar a antiga catedral, cujo batistério datava do século V,[66] De Sully resolveu que seria necessário construir uma nova catedral do zero. Com a reforma gótica da catedral de Saint-Denis e a nova catedral de Sens, a antiga tradição românica fora relegada ao passado. Os arquitetos mais jovens tinham um novo objetivo: liberar o espaço interno das igrejas por meio de novas técnicas e do uso inteligente das abóbadas em cruz, além de lhes oferecer uma ornamentação nova e significativa com uso de entalhes e vitrais. De Sully não poderia deixar Paris ficar para trás no que prometia ser uma revolução arquitetônica e litúrgica. Ele também tinha ouvido falar que cidades muito menores, ao norte de Paris, como Noyon, Senlis e Laon, tinham seguido a tendência de Saint-Denis e Sens e estavam começando seus próprios esforços pioneiros. Na verdade, essa nova arte gótica, ou, como viria a ser conhecida, "a arte da França", deu origem a uma intensa rivalidade entre os prelados que empreendiam. Todos queriam uma catedral gótica.

Reza a lenda que o papa Alexandre III pôs a pedra fundamental da catedral de Notre-Dame em abril de 1163, durante uma visita a Paris, mas essa história é atribuída ao cronista do século XIV, Jean de Saint-Victor, que, em outras palavras, a escreveu duzentos anos depois dos acontecimentos. É mais provável que Maurice de Sully, eleito bispo em 12 de outubro de 1160, não tenha esperado tanto para dar início a seu projeto dos sonhos. Acredita-se que a construção tenha começado na primavera de 1161.[67]

Na verdade, toda a parte leste da Île de la Cité se tornou um imenso canteiro de obras. A ideia de De Sully era otimizar e reorganizar a vida da diocese e de sua administração com uma topografia nova e clara que se tornaria a norma por seiscentos anos, até a Revolução Francesa.

Como De Sully fazia questão de que a catedral continuasse aberta para serviços religiosos durante as obras, os construtores precisaram desmontar a antiga catedral existente enquanto construíam a nova pouco a pouco, de forma sincronizada. Um dos muitos desafios residia no fato de a nova catedral, com sua área de superfície de 5,5 mil metros quadrados, ser muito maior do que a antiga. Na fachada leste, a situação parecia relativamente fácil. As terras na margem leste da ilha pertenciam à diocese, de forma que bastava demolir o que havia lá e começar a construir. Portanto, as obras da catedral começaram ali mesmo, com a fundação da cabeceira ou abside, que foi concluída quando Robert de Thorigny, o abade de Mont-Saint-Michel, a visitou em 1177. O monge, abismado, escreveu: "Se um dia a construção desse monumento for concluída, nenhum outro chegará a seus pés". Cinco anos depois, em 19 de maio de 1182, o legado do papa, Henri de Château-Marcay, e De Sully consagraram o altar-mor. A parte leste da catedral havia sido concluída, com suas abóbadas, vitrais e ornamentação esculpida em pedra.

Na fachada oeste, no entanto, a situação era mais complexa. De Sully precisou comprar muitas casas que seriam demolidas. Alguns proprietários não eram fáceis de lidar e, às vezes, as negociações arrastavam-se por anos. Os registros mostram um casal específico que se mostrou difícil. Henri Lionel e sua esposa Pétronille concordaram em trocar algumas de suas casas por outras duas, além de um terreno em outra região de Paris. No entanto, o acordo levou trinta anos para ser concluído, já que de tempos em tempos o casal pedia mais dinheiro e compensações; a diocese cedia toda vez.[68]

De Sully também queria deslocar ligeiramente o eixo da nova catedral para o norte e, numa decisão muito mais drástica, mover a nova fachada do edifício quarenta metros para o leste, para assim criar um grande pátio na frente — onde a antiga catedral ficava. Ele idealizara o pátio como um espaço capaz de conectar o mundo profano ao mundo sagrado. Também planejara criar a maior via pública que Paris já conhecera, com seis metros de largura, no eixo leste-oeste, logo em frente ao futuro portal central da catedral. A ideia era que os peregrinos vissem sua igreja de longe, e se sentissem atraídos por ela como por um ímã. A rua seria chamada de rue Neuve. Nem o barão Haussmann, o usurpador da Paris medieval, foi capaz de apagar por completo a memória da rue Neuve da Île de la Cité quando a redesenhou na década de 1870. Até hoje, marcas douradas na pavimentação do pátio mostram onde a rue Neuve ficava.

Os planos de De Sully exigiam que atuasse em várias frentes ao mesmo tempo. Ele precisou travar muitas batalhas e realizar diversas tarefas paralelas, sendo a primeira delas derrubar o antigo palácio episcopal e construir um novo no flanco sul da nova catedral. Por conta do terreno alagado, os pedreiros precisaram cavar um buraco de nove metros de profundidade para criar uma fundação estável. O trabalho no local começou em 1164, e a nova Domus Nova Episcopi foi construída dentro de alguns anos.[69] De Sully também ordenou a destruição do Hôtel-Dieu, um hospital geral e hospício para os necessitados que datava do século VII, bem como a reconstrução de uma versão muito maior, para a qual várias outras casas tiveram que ser compradas para ser demolidas. Ele seria erigido ao sul do futuro pátio. Com claustro e padaria próprios, além de dormitórios, refeitório, enfermaria e algumas capelas, esse Hôtel-Dieu seria o maior de sua época.[70]

Levando em conta o ritmo intenso de construção das primeiras quatro décadas, estudiosos concordam que não devem ter faltado artesãos capacitados; os pedreiros parisienses eram famosos por seus talentos no norte da França. Além disso, matérias-primas, como madeira para as vigas, eram facilmente encontradas: o bispo e os cônegos eram donos de vários bosques e florestas. Os únicos gastos advinham da secagem da madeira e de seu transporte. Quanto às pedras, Paris era cercada por pedreiras de calcário de boa qualidade, e o transporte a barco pelo rio era fácil; até um pequeno ancoradouro temporário foi construído na ponta da Île de la Cité por esse motivo.[71]

***

O desenho original de Notre-Dame, elaborado por volta de 1160, parece ter inspirado imenso respeito, já que foi implementado sem nenhuma mudança de estrutura fundamental pelos três arquitetos consecutivos que acompanharam a construção ao longo de um século. A fachada atual, desde os portais até a galeria superior e as torres irmãs, ainda é a mesma que o arquiteto projetista idealizou. Só a ornamentação esculpida não é fiel aos desenhos originais, sendo concebida no início do século XIII, num momento em que surgiu um novo conceito iconográfico.

Então, quem foi esse arquiteto projetista misterioso? Sua obra oferece algumas pistas das características de sua personalidade: "Ambição, sofisticação técnica, clareza e serenidade",[72] avalia Alain Erlande-Brandenburg, historiador especialista nos estudos da Idade Média. Pois, ainda que o impulso inicial tivesse partido do bispo Maurice de Sully, não há dúvida de que o primeiro arquiteto tinha ânimo e audácia suficientes para projetar o edifício mais alto que até então fora construído em uma cidade: eram quarenta metros de largura, 123 metros de comprimento e 33 metros de altura, com duas torres que chegavam a 69 metros. Seu conhecimento lhe permitiu enfrentar desafios técnicos, como o terreno pantanoso e instável da Île de la Cité. Mestre da técnica gótica, ele reduziu drasticamente o número de pivôs, ou suportes da catedral. "Nunca antes a arquitetura conseguira que os espaços vazios triunfassem sobre os cheios."[73]

A segunda metade do século XII foi um período estimulante para arquitetos e construtores de catedrais do norte da França. A abside da catedral de Saint-Denis, sob a direção do dinâmico abade Suger, havia sido concluída recentemente, tornando o parâmetro mais elevado. A cidade de Laon, no nordeste da França, também construía sua catedral, com direito a uma ornamentação suntuosa. O criador da Notre-Dame de Paris tinha decidido abrir mão de tais floreios. Ele queria esvaziar ao máximo o espaço interno, limpar, digamos, os excessos da catedral. Para o deambulatório duplo, ele escolheu colunas de tambores muito elegantes. Essa nova verticalidade — verticalidade e harmonia de proporções — transmitia paz. A beleza da nave provinha da harmonia entre as massas arquitetônicas, seus níveis, seus recuos e, claro, as curvas executadas com maestria. "Imagine a luz da Île-de-France planando por aquelas paredes brancas e nuas, brincando nos contrafortes finos. Imagine a perplexidade das pessoas que, por volta de 1180, enquanto desciam o rio Sena de barco, de repente deparavam com aquela massa altiva e poderosa que se destacava no céu inconstante de Paris."[74]

Ainda sob a tutela rígida, mas dinâmica, do bispo Maurice de Sully, um segundo arquiteto assumiu a batuta por volta de 1177, supervisionando a construção das paredes do lado leste do transepto respeitando os planos de seu criador. Ele mostrou um olhar atento aos detalhes, como até hoje se vê nos pilares laterais e em sua minuciosa ornamentação de folhas entalhadas. Seu conhecimento sobre as pedras e suas propriedades ajudou a fortalecer os elementos de apoio e, por consequência, reduzir ainda mais seu tamanho. Para os pilares do lado oeste do transepto, ele escolheu o *cliquart*, um calcário parisiense conhecido por sua resistência ao peso e à umidade; para as colunas da nave central selecionou pedras de Bagneux, a pedra mais valorizada, branca e resistente que havia na Île-de-France. Esse segundo arquiteto, tão talentoso quanto seu antecessor, foi sucedido por um terceiro por volta de 1200, após a morte de De Sully.

A construção da nave foi interrompida para que os trabalhadores se dedicassem à construção da fachada. O terceiro arquiteto decidiu começar pelos diferentes elementos de apoio da futura fachada: contrafortes, pilares e paredes de suporte que ele então fixou à nave. Ele tinha conseguido terminar o primeiro nível e chegar até a galeria dos reis de Judá acima dos três portais quando foi substituído por um quarto arquiteto, por volta de 1210 ou 1220. A rosácea oeste, muitos elementos das duas torres e as escadas vazadas em espiral, feitas de calcário, ostentam a marca do quarto arquiteto.

Os arquitetos do século XIII, que concluíram a construção da catedral, são aqueles cujos nomes nós conhecemos: Jean de Chelles e Pierre de Montreuil, responsáveis pelas fachadas norte e sul dos transeptos e suas rosáceas. Na verdade, todos os arquitetos de Notre-Dame tentaram criar um conjunto homogêneo, não só quando resolviam problemas ou consertavam algo aqui e ali. Todos tiveram tanto cuidado que, às vezes, é difícil saber quem fez o quê.

***

Agora contemplemos a catedral em si por um instante. Notre-Dame era diferente de todas as outras catedrais góticas que começaram a ser construídas na França dos séculos XII e XIII. Apesar de abraçar os princípios góticos de luz, espaço e clareza, Notre-Dame rejeitou a magnanimidade luxuosa de Saint-Denis. Sua serenidade era quase austera. Seu esplendor não residia na opulência das brilhantes joias preciosas de que o abade Suger tanto gostava, mas na qualidade sinfônica de seu espaço. Sua harmonia e sua coerência incomparável atingia qualquer pessoa que se postasse dentro ou diante dela. Talvez porque, no fim do século XII, a arte de construir catedrais também tivesse se tornado a arte do especialista em lógica.

Arquitetos de catedrais mostravam que eram capazes de aplicar fórmulas teóricas e de conceber um edifício inteiro no plano abstrato. Na verdade, os "doutores da ciência da construção", como chamavam a si próprios, tinham dominado a ciência dos números conforme era ensinada nas escolas episcopais e universidades. "Cada edifício que erguiam era uma demonstração da teologia católica, uma transcrição feita em matéria inerte da filosofia e do pensamento dialético de seus professores."[75]

Ainda assim, com toda a sua habilidade e virtuosismo, arquitetos e pedreiros seguiam a visão de um círculo de prelados iluminados, como Maurice de Sully. A catedral de Notre-Dame foi, portanto, um triunfo tanto da lógica quanto do misticismo. Questões de estática e dinâmica os preocupavam tanto quanto elucidações dos mistérios divinos. Na verdade, tanto os construtores como os clérigos tiveram a graça e a verdade como inspiração.

Notre-Dame impressiona o espectador e o visitante por meio desse casamento de ideias, a secular e a sagrada, e também por meio da união entre solenidade e serenidade em sua ornamentação, e entre austeridade e grandiosidade em suas linhas.

***

Agora, observemos alguns detalhes mais de perto. A fachada, por exemplo. Do lado direito, o portal dedicado à Virgem, que havia sido doado pelo abade Suger de Saint-Denis, logo foi rebatizado de Sainte-Anne. A mãe da Virgem de fato estava em voga: em 1204, o conde de Blois enviara de Constantinopla uma relíquia que supunham ser sua cabeça, e o culto a Santa Ana vinha crescendo rapidamente na Europa.[76] Depois vêm os ferrolhos e dobradiças em ferro fundido e forjado, que exibem folhagens entrelaçadas, pássaros e pequenos animais: obras-primas de elegância e leveza. A arte do trabalho em metal parece ter inspirado muitos dos escultores de Notre-Dame, especialmente no que diz respeito à representação dos tecidos. A palavra de ordem era criar volume e contornos nítidos para assim produzir contrastes de luz dramáticos. O corpo e os movimentos dos santos eram, na verdade, criados por meio das pregas e dos relevos de seus trajes. Nas imagens de São Pedro e São Paulo, em especial, o escultor brincou com a luz ao deixar espaços vazios entre duas pregas de suas roupas. Em alguns momentos fez a prega tão afiada quanto o fio de uma faca, em outros, curva e delicada como uma pétala de rosa.

Do lado esquerdo da fachada, o portal da Virgem exibiu, pela primeira vez na iconografia medieval, estátuas de corpo inteiro dos santos mais venerados de Paris, cujas relíquias se encontravam no interior da catedral. Notre-Dame abrigava, de fato, uma grande coleção de ossos de santos — entre outros itens, o braço de Santa Genoveva e algumas de suas falanges, a parte superior do crânio de Saint-Denis, as pedras com as quais Santo Estêvão foi apedrejado e fios de cabelo da Virgem Maria, sem contar alguns dentes de São João Batista e um braço inteiro de Santo André.[77] Curiosamente, a cantaria ao redor das portas se atém ao dia a dia mundano, com seus signos do zodíaco e atividades agrícolas sazonais, enquanto na coluna central as diferentes fases da vida correspondem às quatro estações do ano.

O portal central, dedicado ao Juízo Final, mais alto e maior do que os portais laterais, apresenta o arcanjo São Miguel pesando almas enquanto Satã é visto trapaceando abertamente. A parábola das dez virgens adorna o entorno da porta, enquanto representações dos vícios e virtudes cobrem a base do portal. Em 1823, em sua obra *Remarkable Details of Notre--Dame de Paris* [Detalhes notáveis de Notre-Dame de Paris], François Théodore de Jolimont escreveu:

> O inferno é representado por um enorme dragão cuja barriga é um caldeirão borbulhante em que pequenos diabinhos, munidos de tridentes, arremessam os Reprovados, que caem de cabeça. No entanto, o que é ainda mais interessante nessa bizarra representação é o demônio da Luxúria, caracterizado de maneira tão expressiva que chega a confundir os espectadores: estarão de fato entrando em um local de devoção? Porém, naqueles tempos de costumes mais simples, essas representações não eram mais indecentes do que o hábito que as mais

castas das damas romanas tinham, de usar falos de ouro ao redor do pescoço.[78]

Para ver como os escultores de imagens do século XII ilustravam a Luxúria, vocês precisarão visitar a catedral assim que ela for reaberta ao público.

Enquanto a catedral de Saint-Denis transbordava opulência, sempre repleta de doações reais, Notre-Dame de Paris ergueu-se do solo graças a um bispo visionário, a seus cânones devotados e ao povo. Não era à toa, portanto, que Notre-Dame "representava o orgulho do povo da cidade, e sua abundância de torres, empenas e pináculos elevava aos céus uma cidade dos sonhos, uma idealização da cidade de Deus que engrandecia a paisagem urbana".[79] Suas torres eram uma presença benevolente que garantiam a segurança de comércio dentro dos muros da cidade, e sua nave era o único espaço público coberto do centro da cidade, pois fora de suas casas de culto as cidades não passavam de um emaranhado de vielas estreitas, esgotos abertos e espeluncas.

***

A desastrosa Guerra dos Cem Anos (1337–1453) logo levaria ao fim o mais longo período de prosperidade contínua que a França já viveu. Notre-Dame não escaparia à degradação. Alguns de seus vitrais seriam depredados, o coro alto, o recinto do coro e as baias, destruídos. Entretanto, Notre-Dame seria restaurada e reconstruída, e, embora ela tenha sido pressionada e intimidada por almas cruéis ao longo dos séculos, em meados do século XIX, graças a Eugène Viollet-le-Duc, ela recobraria todo seu esplendor medieval.

3

1594 E 1638
OS BOURBON

"Paris merece uma missa!"[80]
Les Caquets de l'accouchée

Na última fase das Guerras de Religião da França (1562–98), Paris se tornara um símbolo, uma espécie de Santo Graal. Quem quer que a conquistasse seria considerado o único governante legítimo da França e daria fim a décadas de guerra civil. Desde o assassinato do rei Henrique III, em 1 de agosto de 1589, o país tinha sido tomado pela anarquia. Dois poderes lutavam entre si. De um lado estava a Liga Católica (a Santa Liga), que incluía tanto moderados quanto extremistas e controlava a capital; do outro, Henrique IV, rei de Navarra — e, pelo menos em teoria, da França —, um príncipe protestante que tinha o apoio tanto de seus irmãos de religião como de "católicos da realeza", que eram donos das prósperas regiões agrícolas de Chartres e Beauce, ao sul de Paris. Seus respectivos poderes militares, de igual peso, conseguiam no máximo anular um ao outro, mesmo com o reforço ocasional de tropas de outros locais. O resultado da guerra não seria decidido no campo de batalha; só a política e a religião poderiam determiná-lo. Foi assim que Paris se tornou o epicentro de uma batalha psicológica e panfletária. A isso se seguiu uma campanha fervorosa que almejava convencer os indecisos, mas também atingir o coração dos adversários.

Os franceses consideravam Paris a segunda capital da cristandade havia muito tempo. Portanto, era inconcebível, argumentaram os *Ligueurs*, que um rei protestante decidisse o destino de Paris e, por consequência, o da França. Embora os partidários de Henrique IV concordassem que Paris era "o olho, a glória e a honra não apenas da França, mas de toda a Europa",[81] também reconheciam que o prestígio da cidade estava profundamente ligado ao da monarquia. Recusar abrir os portões para Henrique foi, portanto, um equívoco: um ato que subestimou a influência e o status de Paris. Então a Santa Liga cometeu um erro estratégico. O grupo reuniu a Assembleia dos Estados Gerais (*États Généraux*) em Paris, em 26 de janeiro de 1593, o que imediatamente levou Henrique a procurar o apoio dos moderados de ambos os lados. Ele sabia que precisava agir rápido, pois a Santa Liga era bem capaz de decidir eleger um rei católico e coroá-lo em Rheims. Henrique pediu que os "católicos da realeza" que o apoiavam negociassem com os *Ligueurs* moderados em Suresnes, a oeste de Paris. Como resultado, Henrique renunciou ao protestantismo em julho de 1593.

Esse acontecimento desencadeou uma onda de apoio no país inteiro, e as cidades católicas começaram a se unir a favor de Henrique. Enquanto Paris ainda se opunha, Henrique escolheu a catedral de Chartres para sua coroação, em 27 de fevereiro de 1594. A unção eclesiástica do rei fortaleceu ainda mais seu poder aos olhos do povo. No entanto, Henrique sabia que ainda precisaria convencer os parisienses de sua sinceridade: ele não poderia governar a França sem o apoio de Paris. Agora, ele precisava arquitetar sua entrada na capital.[82]

Como os principais *Ligueurs* tinham deixado Paris, ele tinha a faca e o queijo na mão. A essa altura bastava domar com jeitinho os parisienses mais teimosos, e era preciso fazê-lo do jeito certo. Pouco antes do amanhecer de 22 de março de 1594, Henrique, acompanhado por um exército de alguns milhares de homens, tirou vantagem da densa neblina e da garoa fina que cobriam a cidade para se aproximar de dois portões de Paris, Porte Neuve, perto das Tulherias, e Porte Saint-Denis. As pontes levadiças foram baixadas sem muito alarde. Dois destacamentos entraram primeiro para avaliar a situação na capital, um marchando pela rue Saint-Honoré, o outro ao longo das margens do rio em direção ao Louvre. Os dois tiveram alguns conflitos com soldados católicos espanhóis, mas ambas as unidades foram bem-sucedidas e se encontraram em Châtelet, na Margem Direita, em frente à Île de la Cité. O caminho estava aberto: agora Henrique podia adentrar a capital em seu cavalo.

Henrique, desarmado, mas usando uma armadura peitoral, cavalgou calmamente em direção à Île de la Cité e permitiu que os parisienses se aproximassem dele e de seu cavalo. As pessoas chegaram tão perto que algumas encostaram em seus estribos. Os gritos de *"Vive le roi!"* logo o guiaram, cercado por uma multidão cada vez maior, em direção ao coração de Paris. Ele sabia que precisava ir até lá primeiro, antes de parar no Louvre. Quando ele virou à esquerda na rue Neuve, os sinos de Notre-Dame começaram a soar. A notícia de sua vinda tinha chegado até os cônegos e o arquidiácono, que estavam prontos para receber seu rei.

Enquanto descia do cavalo, será que Henrique se lembrara do dia de seu casamento com Margarida de Valois, 22 anos antes, em 18 de agosto de 1572? Na ocasião ele estivera naquele mesmo lugar, no pátio da catedral, onde o cardeal de Bourbon, seu tio, tivera de começar o casamento real, pois ele era protestante e ela, católica. A essa altura, Margarida tinha entrado para comparecer à missa, enquanto Henrique e sua comitiva de huguenotes ficaram do lado de fora, esperando a noiva no pátio episcopal. Seis dias depois, o Massacre do Dia de São Bartolomeu, uma onda de violência contra os protestantes que ocorreu justo no coração de Paris e rapidamente se espalhou por outras cidades da França, abalou o país profundamente. Também condenou de maneira irremediável o casamento de Henrique, que mais tarde se dissolveu. Muitos franceses morreram nas sangrentas guerras religiosas que se seguiram àquele dia fatídico.

Dessa vez, naquela manhã de março de 1594, Henrique, seguido por seus homens e uma multidão, entrara na catedral. Ele foi até o coro e se ajoelhou diante do altar para orar pela reconciliação nacional. Os cânticos e a música do Te Deum começaram a tomar conta da nave enquanto ele continuava ajoelhado, compenetrado em suas preces. Milhares de parisienses se juntaram a seu rei em *grâce et pardon* (graça e perdão), e muitos mais, alertados pelos sinos, dirigiam-se à Île de la Cité.

Seguindo um plano cuidadosamente elaborado, enquanto Henrique estava na Notre-Dame, seus homens distribuíam *billets* para os transeuntes. Impressos no dia anterior em

Saint-Denis, os folhetos explicavam as intenções benevolentes que Henrique tinha com relação aos parisienses. Ele não buscaria vingança e não puniria os *Ligueurs*; apenas limitou-se a pedir que deixassem a capital. E, para aqueles que não sabiam ler, os pregoeiros, posicionados em cada cruzamento, também davam a notícia, gritando *"Grâce et pardon"*. Emissários foram enviados aos *Ligueurs* ainda presentes em Paris, exigindo que partissem imediatamente. A operação foi bem planejada. O povo de Paris foi conquistado de maneira pacífica e enfim se reconciliou com seu rei. E, embora os *Ligueurs* ainda fossem dominar por algum tempo as cidades das catedrais do norte da França, como Rheims, Henrique escolheu associar sua dinastia, os Bourbon, a Notre-Dame, que tinha recebido o católico recém-convertido de braços abertos.

E assim, o rei voltou a Paris, no Louvre, e Paris voltou a ser o centro do poder. Ainda levaria mais quatro anos para que o país fosse pacificado por completo, mas em 22 de março de 1594 Henrique IV saiu vitorioso de uma batalha decisiva. Nesse dia, ele ganhou a mente e o coração das pessoas de Paris, que agora o chamavam de "Henri le Grand" (Henrique, o Grande). E, dali em diante, para marcar esse dia histórico, anualmente, pelos próximos dois séculos, uma procissão religiosa saía de Notre-Dame e ia até o convento de Grands-Augustins, na Margem Esquerda, para uma missa solene. Essa celebração em homenagem ao grande rei existiu até o Terror de 1793.

***

Luís XIII, filho de Henrique IV, estreitaria ainda mais os laços entre Notre-Dame, a monarquia dos Bourbon e o país. Ele vinha pensando em maneiras de fazer isso desde o outono de 1630, depois de um período marcado por problemas de saúde. Ele redigira vários rascunhos de um documento que chamou de seu Voto. Em 10 de fevereiro de 1638, ele enfim revelou sua intenção em uma declaração oficial: "Entrego a mim e o meu reino, primeiro a Deus, depois ao império da senhora muito poderosa; eu me dedico e dedico meu reino a Sua Majestade, confio em sua assistência, e atesto perpetuidade do meu voto por meio da construção de um monumento para o mundo e o futuro". E acrescentou:

> Declaramos que, tomando a Virgem Santíssima e gloriosa como protetora especial de nosso Reino, dedicamos especialmente a Ela nossa pessoa, nosso Estado, nossa coroa e nossos súditos [...]. Vamos reconstruir o grande altar de Notre-Dame de Paris com uma imagem da Virgem segurando seu precioso filho tirado da Cruz; seremos representados a Seus pés, oferecendo-lhes nossa coroa e nosso cetro.[83]

O Dia da Assunção, 15 de agosto, foi então escolhido para receber uma procissão especial de Notre-Dame, à qual todas as autoridades foram convidadas a comparecer. A decisão de Luís XIII não só estimulou uma intensa adoração à Virgem Maria na França, como também relegou às sombras da história uma peregrinação bem conhecida e até então popular à catedral de Chartres em homenagem à Virgem. Um evento especial acrescentou uma aura milagrosa ao Voto de Luís XIII. Depois de 23 anos de casamento, sua esposa Anne engravidou de seu primeiro filho — um menino, o futuro Luís XIV, o rei Sol.

O monumento idealizado por Luís XIII foi construído perfeitamente por seu filho, que queria se associar ao Voto do pai. Os escultores Nicolas e Guillaume Coustou foram contratados para criar a *Pietà* e a estátua de Luís XIII oferecendo sua coroa à Virgem e a Cristo, enquanto Antoine Coysevox trabalhou em outra estátua que representava Luís XIV abaixado sobre um de seus joelhos. Os monarcas foram posicionados um em cada lado da *Pietà*. A composição era impressionante:

> A Virgem Maria, bem no meio, estende os braços e volta o rosto para o céu; a dor de mãe e sua submissão perfeita à vontade de Deus são expressas da maneira mais verdadeira e sublime; ela apoia no joelho a cabeça de seu filho e parte do corpo retirado da cruz; o resto do corpo de Cristo aparece sobre uma mortalha: um anjo de joelhos, na forma de um adolescente, com as asas parcialmente abertas, segura a mão do Salvador, enquanto a outra segura com pesar a coroa de espinhos [...]. Esse conjunto de mármore é de uma elegância notável [...], e à beleza das formas e contornos os artistas acrescentaram graça e expressão sublimes.[84]

Os Bourbon esbanjavam dinheiro em obras de arte e presentes de todo tipo para Notre-Dame. De repente, havia pinturas cobrindo cada uma das capelas, e até cada pilar, enquanto os estandartes e faixas dos inimigos capturados no campo de batalha ficavam pendurados para exibição nas galerias superiores, acima da nave. A tradição dos "Maios" do século XV passou a ser revisitada em 1630. Todos os anos, a corporação dos ourives de Paris pedia que o artista mais promissor da época fizesse uma pintura imensa, monumental (4×3 metros) para Notre-Dame, e a oferecia durante uma cerimônia realizada em 1 de maio. O "Maio" do ano era então exposto ao lado da Virgem Maria. A tradição se estendeu até 1707, e os 66 "Maios" dela provenientes tiveram de ser enviados a vários museus da França, por falta de espaço no interior da catedral. Notre-Dame foi, portanto, o primeiro museu não oficial da França, o primeiro lugar a que as pessoas iam para admirar obras de arte sem pagar nada.

Dali para a frente, Notre-Dame ultrapassou tanto a catedral de Saint-Denis quanto a de Rheims no quesito das cerimônias reais. Nossa Senhora se tornou o grande altar dos eventos nacionais, onde a política quase sempre ofuscava a religião em procedimentos ambíguos que tendiam a beneficiar o poder vigente.

4

1789
RAZÃO, SER SUPREMO E VINHO

> "A cerimônia deveria ter sido religiosa,
> mas foi quase toda militar."

A Queda da Bastilha, em 14 de julho de 1789, é um evento gravado no DNA da França e no imaginário do mundo. Mas e o dia seguinte, 15 de julho? Hoje, quem é capaz de lembrar que o povo de Paris, que tinha acabado de invadir a velha prisão, libertar seus prisioneiros e matar seus guardas, reuniu-se em Notre-Dame e comemorou com um Te Deum triunfal? Liderados pelo recém-nomeado prefeito e presidente da primeira Assembleia Nacional da França, o astrônomo Jean Sylvain Bailly, os parisienses agradeceram a Nossa Senhora pela Revolução e pelo início do fim do Antigo Regime. Ao fazer isso, eles — de maneira inédita, e talvez um pouco paradoxal — se apropriaram da catedral e a elegeram palácio do povo, tanto na terra quanto no céu. Na verdade, estavam ao mesmo tempo mantendo a tradição monárquica de celebrar o Te Deum em tempos de conflito nacional e reinventando por completo sua simbologia. A catedral parecia oferecer uma ponte entre o passado e o presente, e uma janela que se abria para um futuro luminoso e revolucionário.

Durante a Revolução, Notre-Dame exerceu um grande fascínio sobre o imaginário francês. Revolucionários de todas as inclinações fizeram de tudo para compartilhar daquela atmosfera. Deve ser por isso que, por incrível que pareça, talvez a catedral nunca tenha sido fechada durante o período revolucionário.[85]

Nas últimas décadas do Antigo Regime, Notre-Dame se tornara, de fato, um símbolo do debate revolucionário, pois era o único lugar em Paris onde o rei se dignava a aparecer diante de seu povo, ainda que não o fizesse com frequência. Os parisienses vinham se ressentindo cada vez mais com essa ausência. Na era medieval, sob a dinastia Valois (1328–1589), o povo havia se acostumado a contar tanto com o poder temporal quanto com o espiritual, rei e clero, ali perto na Île de la Cité e nos arredores da Margem Direita, no Louvre; os últimos Bourbon, no entanto, haviam negligenciado Paris e seu povo, dando preferência a Versalhes.

Luís XIV estabelecera sua corte e o poder em Versalhes em 1682. Sua intenção era controlar a nobreza e o governo e deslumbrar os visitantes com a beleza esplêndida de Versalhes. Mas deixar o Palácio do Louvre foi um erro estratégico pelo qual seu tataraneto, Luís XVI, pagaria caro um século depois. Totalmente alheio ao ressentimento causado por suas ações, Luís XVI quase não pisava em Paris. Quando o fazia, geralmente era para comparecer a missas especiais em Notre-Dame com sua escolta pessoal de cem guardas suíços que ficavam tão perto dele, mesmo no coro, que ninguém podia vê-lo. Outro erro. Depois, o monarca voltava imediatamente para Versalhes, abandonando os palácios reais de Paris e seu povo.[86] Esse comportamento, visto como condescendente e desrespeitoso por cada vez mais pessoas, fomentou a crescente insatisfação.

Menos de um mês depois da Queda da Bastilha, outro acontecimento de grande importância abalou a França: na noite de 4 de agosto de 1789, em poucas horas de puro júbilo, a Assembleia Nacional aboliu os direitos feudais e os muitos privilégios do clero e da aristocracia, pôs fim à servidão pessoal e instituiu a igualdade de tributação. Vilarejos, províncias, companhias e cidades também renunciaram a seus privilégios especiais. E, mais uma vez, Paris recorreu a Notre-Dame para marcar sua importância. Poucas horas depois dessa votação histórica, um Te Deum foi celebrado ali para que todos se alegrassem e agradecessem. Numa manobra política, os revolucionários vinham associando a catedral a suas realizações, reivindicando para a própria causa a natureza transcendental do lugar. Na verdade, as celebrações realizadas em Notre-Dame conferiam aos eventos políticos uma legitimidade que seus líderes almejavam para si e para exibir para toda a França e o resto da Europa. Era preciso acalmar as monarquias vizinhas, que estavam horrorizadas com os acontecimentos políticos na França. Notre-Dame oferecia um alento disfarçado de continuidade histórica.

Os 1,2 mil deputados da primeira Assembleia Nacional estavam entusiasmados com o que tinham conquistado em tão pouco tempo, desde o fim dos privilégios especiais até a Declaração Universal dos Direitos do Homem e a votação dedicada aos primeiros artigos da nova constituição da França, em

26 de agosto, mas ficaram frustrados com as estratégias do rei e dos membros mais conservadores da Assembleia, que queriam atrasar os processos.

Muitos revolucionários faziam questão de trazer o rei de volta a Paris, para que ficasse mais perto de seu povo e da realidade. E conseguiram alcançar esse objetivo durante os dias cruciais de 5 e 6 de outubro de 1789. Às sete da manhã do dia 5 de outubro, milhares de parisienses, em sua maioria mulheres, reuniram-se em frente ao Hôtel de Ville. Suas reivindicações iam desde a ratificação dos primeiros artigos da nova constituição, uma responsabilidade do rei, e mais fornecimento de pão, até o retorno da família real para Paris, a substituição da Guarda Suíça pela Guarda Nacional, sob o comando do marquês de Lafayette, e o uso obrigatório do cocar tricolor.

Logo, acompanhadas por 20 mil membros da Guarda Nacional, as mulheres marcharam para Versalhes para falar pessoalmente com o rei. Amedrontado, Luís XVI foi favorável a todas as demandas do grupo, menos uma: a mudança de sua família para Paris. Ele respondeu que precisava de tempo para pensar, mas não pensou rápido o suficiente. Na manhã seguinte, o grupo impaciente e revoltado, que tinha passado a noite bebendo e comemorando, apelou para a coerção: mataram dois guardas suíços e entraram nos aposentos privados de Maria Antonieta, que correu de camisola para o quarto de Luís XVI. Essa foi a gota d'água: Luís XVI, empalidecido, concordou com a exigência. Em seguida, a multidão e a Guarda Nacional "escoltaram" o casal real e seus filhos, todos vestidos às pressas, até o Palácio das Tulherias, onde foi decidido que morariam a partir de então. Eles nunca mais voltariam a Versalhes.

Aonde o soberano ia, o governo o seguia. Com Luís XVI em Paris, a Assembleia Nacional também foi transferida para a capital. E onde os deputados decidiram realizar a primeira sessão? No palácio episcopal de Notre-Dame, construído por Maurice de Sully no século XII. Será que o lugar teria inspirado, não sem alguma estranheza, a próxima decisão da Assembleia? Alguns dias depois, em plena morada do arcebispo, decidiram nacionalizar todos os bens da Igreja. Em troca, o Estado se comprometeu a pagar um salário aos membros do clero e a financiar os hospícios e hospitais que eram de responsabilidade da Igreja. E, para tornar a decisão digerível para os muitos clérigos pobres que tinham apoiado a Revolução em seu início, acordou-se que os padres receberiam um salário anual de no mínimo 1,2 mil libras, quase o dobro do que recebiam da Igreja.

A verdade era que o Estado, empobrecido pela queda contínua na arrecadação de impostos, estava com sérios problemas de fluxo de caixa e precisava encher seus cofres. Vender os bens da Igreja — e vendê-los ao povo — se tornou uma necessidade financeira e uma decisão que prometia agradar a população. O fato de os deputados terem decidido debater e aprovar uma medida tão importante na casa episcopal de Notre-Dame revelou certa insolência, mas também uma profunda certeza de que a Providência e a justiça divina estavam do lado deles — do lado do povo.

Os meses seguintes foram marcados pelo mesmo ímpeto de interferência do Estado em todas as esferas da vida, e especialmente nos assuntos religiosos. Ordens monásticas como a dos beneditinos e, em resumo, todas as comunidades religiosas consideradas inúteis (isto é, aquelas que não realizavam cerimônias solenes e sacramentos, nem ofereciam serviços de educação ou saúde) foram abolidas por decreto em 13 de fevereiro de 1790. Indo além, a Assembleia Nacional decidiu nacionalizar, por assim dizer, a própria Igreja, com a criação da Constituição Civil do Clero, em 12 de julho de 1790. Foi uma tentativa simples e bastante cartesiana de reorganizar a Igreja Católica da França por meio de uma nova administração e gestão financeira que estivessem sob a autoridade do Estado. Isso levou à redução, por exemplo, do número de bispos — que de 135 passou a ser 83 —, cada diocese correspondendo à nova composição administrativo-territorial; bispos e padres deveriam ser eleitos pelos membros de sua paróquia, e os clérigos recém-eleitos eram obrigados a fazer um juramento de fidelidade à constituição e ao Estado; quem se recusasse perdia o cargo. Muitos bispos resistiram à mudança, e como consequência foram considerados fora da lei. Luís XVI era contra a lei, mas a assinou mesmo assim, por medo.

Depois da primeira missa celebrada por padres constitucionais em Notre-Dame, em 16 de janeiro de 1791, a nave da catedral foi transformada em uma enorme seção eleitoral para que os parisienses pudessem eleger novos padres e substituir todos aqueles que tinham se recusado a fazer o juramento constitucional. O processo inteiro exigiu seis votações consecutivas, cada uma precedida por uma missa e, em 17 de março, o bispo constitucional de Paris, Jean-Baptiste Gobel, enfim pôde realizar a ordenação de seus colegas em Notre-Dame. Uma testemunha se impressionou com o tom da celebração: "A cerimônia deveria ter sido religiosa, mas foi quase toda militar. Havia tantos tambores e um regimento inteiro da Guarda Nacional e tão poucos prelados na procissão".[87] Na verdade, isso não devia ser tão surpreendente: no dia anterior, o papa havia rompido todas as relações diplomáticas com a França revolucionária. O papa Pio VI, que tinha ficado em silêncio desde o início da Revolução, finalmente condenou a Constituição Civil do Clero, chamando-a de herética, cismática e sacrílega.

Isso, em conjunto com a resistência de muitos bispos e padres franceses à Constituição Civil, não só criou uma cisão religiosa, com a coexistência de um clero refratário considerado inimigo do povo e um clero constitucional, como também agravou a desconfiança que a Assembleia Nacional já reservava à religião *per se*. À medida que a Revolução se tornava cada vez mais radical, o mesmo ocorria com sua postura com relação ao catolicismo e à sua prática.

O verão de 1792 foi decisivo. À prisão de Luís XVI, que havia sido flagrado tentando fugir do país com sua família, seguiu-se a criação do primeiro tribunal revolucionário e a instalação da guilhotina na place du Carrousel (em frente ao local onde hoje está a pirâmide do Louvre). Em 21 de setembro, a monarquia foi abolida e a Primeira República, proclamada. O julgamento e a execução do monarca ocorreriam dentro de poucos meses.

Para reagir aos ataques dos vizinhos, quase todos monarquias absolutas que juravam destruir a jovem república, os deputados da França ordenaram a convocação em massa de 300 mil homens em 24 de fevereiro de 1793. Dentro da França, eles lutavam em outra frente: a da contrarrevolução que irrompia na região da Vendeia. Enfrentando tanto uma guerra civil como conflitos com vizinhos hostis e poderosos, os deputados franceses tiveram pouco tempo para refletir e impuseram o

Terror, na intenção de reprimir todo tipo de oposição. O clero que se opunha às decisões estava entre os inimigos do povo, e o mesmo se aplicava aos símbolos religiosos e monárquicos que chamassem muita atenção.

O Terror não poupou Notre-Dame. Primeiro, ordenou-se que todos os sinos e as peças de arte em bronze, como crucifixos e púlpitos, fossem derretidos para a produção de canhões, depois todos os caixões de chumbo das capelas tiveram o mesmo destino, mas dessa vez para a produção de projéteis. Em 8 de março, depois que a França perdeu batalhas decisivas no que hoje é a Bélgica, as torres da catedral foram parcialmente envoltas numa capa preta em sinal de luto nacional. Aos poucos, os revolucionários foram transformando a catedral à sua própria imagem. Em 23 de outubro, foi decretada a decapitação dos 28 reis de Judá, confundidos com reis da França, da fachada da catedral. Um a um, os reis foram devidamente decapitados por um cortador de pedras. Logo depois, o pináculo, que remonta ao século XV, também foi demolido, mas por um motivo puramente prático: a estrutura estava tão frágil que perigava cair a qualquer momento. Estavam transformando Notre-Dame, disso não havia dúvida. Nos bastidores, entretanto, algumas boas almas se organizavam para impedir que a catedral continuasse sendo destruída.

Entre os antigos padres de Notre-Dame que tinham feito o juramento constitucional por conveniência, muitos estavam decididos a zelar por Notre-Dame, ainda que de maneira discreta, e garantir que ela sobrevivesse ao furor revolucionário. Enquanto o organista vivia tocando canções revolucionárias para agradar os oficiais e os *sans-culottes*, outros escondiam relíquias e estátuas sem que ninguém percebesse. O monumental conjunto de mármore "O Voto de Luís XIII", por exemplo, desapareceu do coro; o arqueólogo e medievalista Alexandre Lenoir, um autodidata de 28 anos, tinha providenciado o sumiço. Ele convencera o primeiro prefeito de Paris, Jean Sylvain Bailly, e depois a Assembleia Nacional de que, por precaução, todos os objetos de arte confiscados deveriam ser reunidos em um só lugar, sugerindo o antigo convento de Petits Augustins. Os revolucionários gostaram da racionalidade e lógica centralizadora por trás da proposta de Lenoir e deram sua permissão. O que eles não sabiam é que Lenoir não desperdiçava nenhuma chance de recuperar obras de arte roubadas ou antecipar os movimentos dos saqueadores e levar os objetos a um lugar seguro antes que fossem roubados ou destruídos. Depois do fim do Terror, em 1795, ele enfim inaugurou o Museu dos Monumentos Franceses, que abrigava todos aqueles tesouros. O museu se tornou o segundo principal museu nacional da França, depois do Louvre.

Em 7 de novembro de 1793, Jean-Baptiste-Joseph Gobel, bispo de Paris, foi preso no palácio episcopal de Notre-Dame. Não era um bom presságio para a religião na França, nem para a versão constitucional. De fato, três dias depois, o catolicismo foi abolido e proibido. A partir de então haveria apenas uma crença autorizada na França: a da Razão. Enquanto as igrejas de Paris eram fechadas, Notre-Dame permanecia aberta, sendo imediatamente consagrada à nova divindade: deveria agora ser chamada de Templo da Razão. No dia seguinte, os deputados franceses votaram a favor de uma cerimônia em reverência à Razão, "emancipada dos preconceitos e fanatismo da escravidão". O decreto estipulava que "os músicos da Guarda Nacional estariam presentes para cantar canções patrióticas em frente à estátua da Liberdade, erigida no mesmo local onde antes estava a estátua da Virgem Maria".[88] A cerimônia foi marcada para o dia 12 de novembro, ou 22 de brumário, ano II. Os adoradores da Razão tiveram dois dias para decorar a nave e o coro.

De acordo com as testemunhas, foi uma "celebração estranha".[89] Uma espécie de montanha, ou promontório, coberta de grama foi criada na nave. No topo, um pequeno templo gótico foi construído, e dele bustos de filósofos em pedestais se avultavam, solenes, sobre o público. Os dizeres *"À la Philosophie"* (À Filosofia) tinham sido entalhados no capitel do templo. Ao lado da "montanha" haviam colocado uma pedra de verdade, enorme, que servia de base para um altar redondo no qual uma tocha — a tocha da verdade — estava acesa. A um sinal, meninas adolescentes de vestidos brancos e coroas feitas de carvalho, cada uma segurando uma tocha, começaram a descer a montanha em pares. Pelas portas centrais, abertas de súbito, uma "bela prostituta" que simbolizava a Razão entrou e foi andando até o coro, que havia sido transformado em um gramado. Lá, ela se sentou enquanto a música continuava. Ao fim dos cânticos em sua homenagem, a Razão subiu a montanha até chegar ao templo gótico e se virou, sorrindo para a multidão. Era o fim da cerimônia. As palavras "ridículo", "grotesco", "fútil", "repulsivo", "horrível" e "sacrílego" vieram à mente de muitas testemunhas que mais tarde relataram os acontecimentos.[90] Secularizar a religião nunca seria tarefa fácil, nem para os republicanos franceses.

A isso se seguiram semanas e meses de celebrações e eventos igualmente curiosos. Decidiu-se, por exemplo, que Notre-Dame também seria usada como salão de conferências para palestras dos magistrados, dedicadas à moral e que os legisladores leriam todas as leis que fossem aprovadas para o público em Notre-Dame. Havia celebrações especiais dedicadas a acontecimentos notáveis, como a abolição da escravatura, que ocorreu em fevereiro de 1794. No entanto, o culto à Razão logo foi substituído por outra "fé": a de Robespierre e seu Ser Supremo.

Quando o Terror atingiu seu auge, Notre-Dame voltou a ser consagrada, em maio de 1794, dessa vez para o culto ao "Ser Supremo e a Imortalidade da Alma". Logo depois, enquanto cerimônias em homenagem ao Ser Supremo eram realizadas, parte da catedral passou a ser usada como depósito para o vinho confiscado dos emigrados, os muitos aristocratas que tinham fugido da Revolução: em 1794 e 1795, há registro de 1,5 mil barris que foram transportados para as capelas laterais de Notre-Dame,[91] as quais garantiam as condições ideais para o armazenamento do vinho.

Robespierre, por fim, sucumbindo ao monstro que ele mesmo criara, foi guilhotinado na place de la Concorde em 28 de julho de 1794. O Terror foi perdendo a força, e um ano depois, em 15 de agosto de 1795, Notre-Dame enfim foi devolvida ao catolicismo, apesar do controle rígido do Estado. Napoleão logo entendeu que a reconciliação nacional com relação ao catolicismo era essencial; em 1802, ele ousaria fazer um acordo com o papa Pio VII. E, como todos os líderes franceses que vieram antes e depois, adotaria Notre-Dame como seu palco magnífico.

5

1804
A COROAÇÃO DE NAPOLEÃO

"Vivat imperator in aeternam!"

"Chegamos ao fim da narrativa da revolução; agora precisamos dar início à sua história. Devemos implementar seus princípios sendo realistas e práticos. Devemos governar, não filosofar." Foi assim que Napoleão Bonaparte, então com trinta anos, dirigiu-se aos conselheiros de Estado no dia seguinte ao golpe de 9 de novembro de 1799, conhecido como golpe do 18 Brumário, de acordo com o novo calendário revolucionário.

Agora primeiro cônsul da França, depois de um golpe de Estado magistral que derrubou o Diretório (o comitê de cinco membros que tinha governado a França desde 1795) sem derramar sangue, Napoleão Bonaparte proclamou oficialmente a nova constituição do Consulado da França: "Cidadãos, a Revolução depende dos princípios que deram início a ela. Ela está, portanto, encerrada". Essa nova constituição, fundamentada nos princípios de governo representativo, igualdade, liberdade e direito à propriedade privada, só poderia ser garantida, aos olhos do novo regime, por um governo estável.

O jovem primeiro cônsul sabia que uma das questões mais urgentes que enfrentaria era a crise religiosa que se esboçava havia dez anos. A França, o mais importante país católico da época, tinha que se resolver com o papa. E era do interesse de todos que isso acontecesse. Napoleão também precisava de uma aliança política com a Igreja, mas uma aliança que validasse a separação entre religião e monarquia. Os franceses continuavam apegados ao catolicismo, mas tinham derrubado de vez o Antigo Regime. Era preciso que a Igreja aceitasse isso, bem como reconhecesse a autoridade do Estado francês nas questões de educação e de ordem social.

A eleição de um novo papa, em março de 1800, seria de grande ajuda. Pio VII queria restaurar a unidade da Igreja, para qual a França desempenhava um papel essencial. A Revolução Francesa tinha sido um trauma para a Igreja. Primeiro, ela perdera todos os seus bens, depois, em posição de impotência, testemunhou a criação de um clero constitucional cujos membros eram nomeados pelas autoridades francesas. A secularização do Estado em 1794 fez com que a prática do catolicismo ficasse restrita à casa das pessoas. O que Pio VII pedia em suas preces era o fim do que ele via como "a cisão francesa", e que o catolicismo fosse praticado livremente em todas as igrejas da França.

Depois de mais uma vitória militar, desta vez em Marengo, no Piemonte, em 14 de junho de 1800, Napoleão enviou ao papa uma mensagem conciliatória. As negociações com os emissários do papa começaram a ficar sérias em novembro, em Paris. Ao longo de oito meses, 21 projetos diferentes foram analisados e discutidos. A questão dos bens da Igreja logo foi resolvida: a Igreja aceitou a nacionalização em troca de usufruto e um salário pago pelo Estado aos membros do clero. No entanto, o papa exigia que o catolicismo fosse declarado a religião oficial da França, com seu clero nomeado por Roma. Napoleão, categórico, recusou a proposta, ameaçando converter todo o país ao protestantismo e invadir os Estados Pontifícios. Estava dado o impasse.

Mas Napoleão sabia que era chegada a hora de devolver a religião aos franceses, que sentiam falta de seus rituais e tradições diárias. Em 21 de junho de 1801, circulou em Paris uma petição que foi assinada por quase todos os habitantes da Île de la Cité: nela, exigiam que o grande sino Emmanuel voltasse a soar. Os parisienses sentiam saudade de ouvir os sinos de Notre-Dame, e não importava que fossem usados para anunciar as celebrações públicas escolhidas pelo governo, desde que a catedral soasse novamente.[92]

Mais diplomatas se reuniram à mesa de negociações, principalmente para aprimorar a redação do documento. O papa finalmente aceitou que o catolicismo não seria declarado religião oficial da França, mas apenas "a religião da maioria dos cidadãos franceses". No entanto, ele queria que sua prática fosse pública e livre. O irmão de Napoleão, Joseph, soube o que dizer para acalmar o primeiro cônsul: "O culto católico deve obedecer às regras da polícia e não deve prejudicar a ordem pública". À meia-noite de 15 de julho, um acordo, conhecido como a Concordata, foi assinado por ambas as partes.

Uma bula papal foi emitida pelo papa na mesma hora, mas oito semanas transcorreram até que o primeiro cônsul a ratificasse, e mais sete meses até que as assembleias da França aprovassem o projeto de lei. Finalmente adotado em 8 de abril de 1802 pelos legisladores franceses (por 228 votos contra 21), o texto tinha, no entanto, passado por muitas alterações e recebido 77 novos artigos. Esses artigos haviam sido acrescentados por alguns deputados seculares. Em resumo, a Igreja da França havia sido transformada em igreja nacional, resguardada ao máximo da autoridade de Roma e ficado sujeita ao rígido controle dos poderes civis. Também estipularam que o papa não era de forma alguma infalível, que deveria respeitar as tradições nacionais e que não poderia depor chefes de Estado, nem pedir para os católicos se rebelarem contra as leis e obrigações de seu país. O galicanismo[93] voltara pela porta dos fundos.

O papa ficou bastante insatisfeito, mas os franceses se mostraram animados em reaver os costumes e as tradições de suas estimadas celebrações religiosas. E Napoleão não deixaria essa notícia passar em branco. Poucos dias depois, no domingo de Páscoa de 18 de abril de 1802, o primeiro cônsul, o corpo legislativo inteiro, senadores, juízes e todas as autoridades parisienses compareceram a uma grandiosa missa de celebração em Notre-Dame, realizada pelo cardeal Giovanni Battista Caprara. O planejamento e a organização do evento levaram algumas semanas, e a decoração profusa foi a solução que encontraram para esconder a deterioração e o "estado lamentável" da catedral.[94] "A nave foi decorada com enormes tapeçarias da manufatura dos Gobelins, e trouxeram pinturas do Louvre."[95] O trono do primeiro cônsul, ladeado por quatro *fasces*, ficava sob um dossel dourado; Napoleão sentou-se em frente ao cardeal. Sobre um altar simples havia seis cruzes de prata, cada uma com 3,6 metros de altura. Entre a nave e o coro, a família de Napoleão sentou-se em uma plataforma oficial construída para a ocasião. "A mãe do primeiro cônsul estava num lugar escolhido para que ela pudesse ver todos os seus cinco filhos reunidos em solenidade. Ela parecia a intercessora entre eles e Deus, que os dera a ela."[96]

O cardeal celebrou uma missa sem música, e, após a leitura do Evangelho, seis arcebispos e dez bispos foram chamados um a um para fazer um juramento ao Primeiro Cônsul Bonaparte. O simbolismo não poderia ser mais óbvio: se Napoleão havia permitido que o catolicismo voltasse ao coração da França, ele estaria, no entanto, sob o comando da autoridade civil, sob seu comando. Quando o último prelado fez reverência a Napoleão, duas orquestras de 150 músicos, sentados em plataformas elevadas em ambos os lados do coro, começaram a tocar o "Te Deum". Os compositores franceses e italianos Étienne Méhul e Luigi Cherubini, duas estrelas da época, conduziram cada um uma das orquestras. À medida que o "Te Deum" se elevava pela nave para celebrar a assinatura da Concordata e o restabelecimento do culto católico na França, Gilbert, o sineiro de Notre--Dame, observava a cena da galeria superior. Ele relembrou a ocasião em suas memórias: "A França enfim fazia as pazes com a Europa, e a Europa, consigo mesma".[97] Já Napoleão, pragmático como sempre, ordenou dois dias depois que seu banheiro fosse transformado em uma capela particular "com uma pintura religiosa ou tapeçaria cobrindo o espelho".[98]

***

Os dois anos seguintes foram marcados por intrigas. Napoleão estava decidido a invadir a Inglaterra, e a Inglaterra, a mandar matar o líder francês. *L'armée d'expédition d'Angleterre*, como

Napoleão o chamava em sua correspondência com seus generais, ficava cada vez maior. Em seu auge, a flotilha francesa consistia em 1831 embarcações de todos os tipos e 167 mil homens. Acampamentos para as forças de invasão foram estabelecidos em Boulogne e em toda a Normandia, e Napoleão os inspecionava com frequência, verificando tudo, desde as fortificações até as instalações sanitárias e os estoques de vinho. Ele adorava conversar com seus homens, estar entre eles, e queria que fossem bem tratados. Além disso, calculava que "seriam necessários 300 mil litros de conhaque para invadir a Grã-Bretanha".[99]

Todos os principais almirantes franceses eram contra a expedição à Inglaterra. A França podia até ter "seis séculos de ofensas a vingar", conforme Napoleão escreveu em uma carta em novembro de 1803,[100] mas todas as tentativas anteriores tinham fracassado ou sido abandonadas: Luís XIV em 1692, Luís XVI em 1779; e até o próprio Napoleão tinha aventado a ideia em 1797. Os cerca de 100 mil franceses não seriam suficientes para subjugar os 17 milhões de bretões que vinham se preparando para tal invasão com tropas em todas as cidades do sul, tochas, uma abundância de provisões e barreiras de proteção em todo o sul de Londres.

A Inglaterra também se preparava de outras maneiras: enviando assassinos a Paris. A tentativa de assassinato foi frustrada a tempo. Napoleão estava acostumado com esses ataques e contava com sua eficiente polícia secreta, comandada por Joseph Fouché, para impedi-los. Esse, no entanto, tinha deixado o primeiro cônsul especialmente furioso. O boato de que o duque de Enghien, descendente direto de

Luís XIII e neto do príncipe de Condé que havia comandado o exército de emigrados na Batalha de Valmy, teria parte no estratagema o atingiu em cheio. Era hora de mostrar aos Bourbon que o sangue de Napoleão era igual ao deles. O duque foi prontamente retirado de Ettenheim, na região germânica de Baden, onde vivia, e levado para Vincennes, a leste de Paris. Seus documentos apreendidos revelaram que ele estava só esperando a hora da morte de Napoleão, que vinha recebendo muito dinheiro de Londres e que havia se oferecido para servir ao exército inglês e austríaco na batalha contra a França, mas não havia nenhum sinal de seu envolvimento na tentativa de assassinato contra o primeiro cônsul. De qualquer maneira, isso era suficiente — evidências de sobra para que um tribunal marcial o julgasse por traição; o duque confessou e foi executado na mesma noite. Para muitos dos observadores atentos, a morte do duque foi um erro trágico, já que, como resultado, liberais de toda a Europa passariam a ter uma percepção diferente de Napoleão. "Foi pior do que um crime; foi um erro grave", disse Fouché.

Os senadores franceses começavam a pensar que talvez fosse necessária "outra instituição" para desencorajar possíveis futuros conspiradores; em outras palavras, eles acreditavam que deveria haver uma espécie de poder hereditário para proteger o legado da Revolução e garantir a estabilidade do Estado. Uma campanha patrocinada pelo governo começou a preparar a opinião pública para uma mudança de regime. Mas que tipo de mudança? Uma monarquia na qual Napoleão fosse rei não era sequer cogitada. O Conselho do Estado decidiu que haveria no mínimo um império e um imperador. Era necessário acabar com as esperanças dos Bourbon, explicou Napoleão a seus generais republicanos. Já os franceses que se opusessem teriam a oportunidade de votar contra a mudança em um plebiscito.[101]

Em 18 de maio de 1804, oito dias depois de William Pitt, o Novo, ter voltado ao cargo de primeiro ministro britânico com o compromisso de criar uma terceira coalizão contra a França, com a ajuda da Rússia e da Áustria, Napoleão foi oficialmente proclamado imperador dos franceses "pela graça de Deus e da constituição da República". A cerimônia, realizada em Saint-Cloud, durou quinze minutos. Napoleão nomeou catorze marechais do império, representando diferentes famílias políticas, jacobinas e republicanas. Além de dois aristocratas, vários vinham da classe trabalhadora e eram filhos de tanoeiros, camponeses, curtidores, cervejeiros, donos de estalagens e servos, numa decisão que salientava a natureza meritocrática do império de Napoleão. Em sua correspondência, dirigia-se a todos eles como *"mon cousin"*. Napoleão era a personificação de uma rara simbiose da história francesa, de uma reconciliação entre forças normalmente opostas.

***

Agora que havia se reconciliado com o papa, pelo menos em teoria, Napoleão podia lhe pedir para oficializar sua coroação e a de sua imperatriz, Josefina. Quando escreveu a Pio VII para convidá-lo, Napoleão não especificou o local; na verdade, ainda não tinha se decidido.

> Vossa Santidade, a felicidade em que a moral e o caráter de meu povo se encontram após o restabelecimento do

> cristianismo em nossas terras impele-me a convidar Vossa Santidade a se envolver ainda mais em meu destino e no destino desta grande nação em uma das mais importantes ocasiões que o mundo testemunhará. Peço a Vossa Santidade que conceda caráter religioso à coroação do primeiro imperador do povo francês. Sua presença contribuirá para o esplendor da cerimônia e derramará sobre nosso povo e sobre nós as muitas bênçãos de Deus, cujos decretos ditam o destino de impérios e famílias. Vossa Santidade sabe dos sentimentos afetuosos que nutro há muito tempo por Ele e, portanto, deve compreender o prazer que essa oportunidade de expressar ainda mais meu afeto me trará.[102]

O diabo deve mesmo morar nos detalhes, mas Napoleão tinha olhos de águia. Quando o grande mestre de cerimônias, Louis--Philippe de Ségur, confidenciou a ele que todo o cerimonial deveria respeitar o procedimento tradicional de coroação, chamado *Pro Rege Coronando*, pelo qual a supremacia política do papa fica expressa de maneira óbvia (Napoleão ajoelhando-se diante do papa e beijando-lhe a mão), Napoleão decidiu "adaptar" esse cerimonial "aos costumes e tradições da atualidade"[103] de uma forma que não deixasse o papa muito aborrecido. Na verdade, ele pretendia coroar a si mesmo. O ato da autocoroação não era inédito na Europa — reis espanhóis e tsares da Rússia já tinham feito o mesmo —, mas nunca havia ocorrido na presença do papa. No mínimo, tal gesto mostraria ao público e ao mundo que Napoleão atribuía seu poder apenas às suas vitórias militares, às conquistas políticas e ao seu destino. Além disso, sua coroação seria glorificada por plebiscito popular, e para enfatizar isso Napoleão pretendia coroar-se não diante do papa e do altar, e, portanto, diante de Deus, mas de costas para o papa e de frente para o público. Depois que coroasse a si mesmo e a Josefina, os marechais mais próximos de Napoleão lhe entregariam os trajes de Carlos Magno: sua coroa, cetro, espada, talismã e globo imperial. Não havia dúvida de que Napoleão via a si mesmo como herdeiro direto dos imperadores romanos e medievais, isso sem falar nos capetianos — afinal, sua linhagem tinha acabado com Luís XVI.

Na verdade, não restava quase nada dos trajes e objetos cerimoniais de Carlos Magno. A Revolução se encarregara de dar fim a eles. Quando os emissários de Napoleão chegaram à catedral de Saint-Denis e abriram o tesouro onde o esconderijo deveria estar, ele estava vazio. Depois de um tempo, acabaram encontrando algumas peças esparsas no museu: esporas, uma espada e parte do cetro estavam intactos, mas as coroas e a Mão de Justiça haviam sido destruídas. "Não tem problema", respondeu o joalheiro de Napoleão, Martin-Guillaume Biennais. Ele encontrou antigas gravuras e a partir delas criou novas peças, mas contou a todo mundo que havia apenas as "restaurado" e lhes devolvido o esplendor de outrora.[104] Ele se esforçou, entretanto, e deu um jeito de encontrar quarenta camafeus medievais para a (nova) coroa de Carlos Magno.

Onde Napoleão faria o que ele considerava a mais majestosa das cerimônias? Ele teve uma ideia fantástica: que tal Aix-la-Chapelle, catedral que Carlos Magno mandou construir? Afinal, ele via a si como o responsável pela restauração do

Império Romano Ocidental. Sua preocupação constante era a legitimação de seu poder. A cerimônia precisaria ser uma comunhão simbólica entre o povo e seu imperador. O que ele sempre tentou alcançar foi uma síntese entre a pompa republicana e a monárquica. Entretanto, a recusa do papa em sequer pisar na região luterana do Reno pôs fim a esse sonho louco.

Napoleão viria a se coroar em Paris, na catedral de Notre-Dame, numa decisão que agradaria tanto à França católica quanto a França revolucionária. Já Rheims havia perdido de vez seu lugar no panteão francês por conta da forte associação à memória do Antigo Regime.

Os trabalhos de decoração da catedral começaram três meses antes da cerimônia, sob a supervisão dos arquitetos que Napoleão contratava para seus projetos pessoais, Charles Percier e Pierre Fontaine, criadores do "estilo Império" neoclássico. O pintor Jean-Baptiste Isabey, professor dos filhos de Josefina, os ajudou. Em 24 de agosto decidiu-se que o interior da catedral estava muito escuro, e que a caiação das paredes e abóbadas, realizada anteriormente em 1780 e 1728, deveria começar de imediato. Infelizmente, todas as próximas caiações corroeram não só as cores medievais que havia por baixo, como também os afrescos.[105]

Depois da Concordata, Napoleão tinha solicitado que as esculturas e pinturas removidas durante a Revolução fossem devolvidas à catedral. O artesão François-Joseph Scellier, especializado em mármore, foi contratado para criar um altar novo em folha, decorado pelo arquiteto neoclássico Etienne-François Legrand e adornado com baixos-relevos em cobre banhado a ouro. Já o belíssimo conjunto de mármore *O Voto de Luís XIII* retornou ao coro de forma bastante simbólica. Ainda assim, havia muito a fazer dentro e fora da catedral para o grande evento, que agora tinha data marcada: 2 de dezembro de 1804. No convite se lia: "A providência divina e as constituições do Império conferiram a dignidade imperial hereditária à nossa família, e estabelecemos no décimo primeiro dia do mês de frimário a cerimônia de nossa coroação".[106]

Um ano antes, o Hôtel-Dieu, que ficava do outro lado do pátio, havia sido parcialmente demolido e sua fachada fora reconstruída, mas a obra tivera um fim precoce. Em 1 de outubro, algumas casas que, segundo especialistas, estavam muito próximas dos portais de Notre-Dame e obstruíam a visão da fachada, foram derrubadas. Em frente à catedral, foi construído um longo pórtico que ocupava toda a largura da fachada. Agora havia três arcos góticos sustentados por quatro pilares. Adornando os pilares, 36 estátuas simbolizavam as respectivas cidades cujos representantes haviam sido convidados para a cerimônia. Estátuas de Carlos Magno e Clóvis I encimavam os dois maiores pilares centrais e davam boas-vindas aos visitantes. Acima de cada arco havia uma pirâmide sobre a qual repousava a águia imperial de Napoleão. O estandarte imperial volteava no mastro alto que haviam instalado entre as duas torres.

Lá dentro, cada centímetro de pedra havia sido coberto com tecidos nobres — cortinas, estandartes, reposteiros, véus, tapeçarias, dosséis. O piso de mármore medieval estava escondido sob tapetes, e até as abóbadas a 33 metros de altura estavam envoltas em tecidos cujas franjas douradas eram salpicadas com a abelha imperial dourada, um símbolo merovíngio de que Napoleão se apropriara para substituir a flor-de-lis do Antigo Regime. Ao redor da nave havia arquibancadas de três níveis, cobertas com uma belíssima seda bordada a ouro e veludo adamascado. Na entrada da nave, bem no centro, via-se o trono imperial elevado por 24 degraus, sob um arco triunfal sustentado por oito colunas. O trono do papa havia sido posicionado em uma plataforma visivelmente mais baixa, com apenas onze degraus, à esquerda do altar. Quinhentos músicos e coristas se instalariam em ambos os lados do cruzeiro do transepto, enquanto 24 lustres iluminariam a catedral. Em 24 de novembro, para arrematar essa decoração temporária e suntuosa, Napoleão presenteou Notre-Dame com um par de esplêndidos vasos de prata banhada a ouro cravejados de diamantes. A ostentação era um requisito imperial.

E se estendia aos trajes dos convidados. Cetim, seda e renda eram *de rigueur* para o casal imperial, enquanto peles de astracã, plumas de avestruz e joias preciosas envolviam os dignitários em um espetáculo de cores: violeta e verde, azul e vermelho criavam um contraste com a brancura das meias de seda e os tons escuros dos chapéus de feltro e pele. Os arquitetos e pintores da confiança de Napoleão tinham desenhado as roupas de todos.

Para o vestido de cetim de Josefina, Jean-Baptiste Isabey foi buscar inspiração no estilo de Catarina de Médici, propondo uma gola, ou *collerette*, que emoldurava os ombros e o pescoço; a parte superior das mangas bufantes era bordada com diamantes. Na verdade, os diamantes iam dos pés à cabeça: um pente fino de diamantes prendia seu cabelo em um coque *chignon*, e em cada pulso Josefina usava uma pulseira de diamantes. Isso sem falar nos brincos com pingentes, no cinto e, é claro, no diadema feito de "folhas de diamante".[107] De 17 de novembro em diante, os parisienses tiveram a chance de admirar de perto todas as joias usadas por Josefina durante a coroação. Bastava encostar o rosto na vitrine de Au Vase d'Or, a loja de seu joalheiro, Bernard-Armand Marguerite, que ficava no número 127 da rue Saint-Honoré. Ele as expôs, mas deixou quatro fuzileiros de guarda para controlar as multidões, que faziam fila todos os dias até a meia-noite.[108] De todas as joias da coroação de Josefina, a coroa da imperatriz foi a única a ser mantida longe dos olhos do público. Como era a coroa? Um inventário de 1811 nos oferece uma descrição detalhada: da faixa de ouro incrustada com 89 pérolas, oito folhas de palmeira dourada e murta formavam uma coroa sobre a qual se erguia um globo de ouro, que por sua vez era encimado por uma cruz. As folhas de ouro, cada uma adornada com esmeraldas e ametistas, eram separadas umas das outras por três grandes pérolas em formato de pera. Um ano depois, o pintor Jacques-Louis David pediu para segurá-la na mão enquanto começava a trabalhar em sua obra-prima, *Le Sacre* (*A coroação*).

Já o imperador usava sapatos de veludo branco bordados em ouro e meias de seda brancas sob uma longa túnica de cetim branco costurada com fios de ouro. Gola, mangas, punhos e bainha eram ricamente bordados com padrões de folha de palmeira e carvalho verdes e dourados ao lado de estrelas douradas, relâmpagos e coroas triunfais. O manto imperial que cobria sua túnica branca era tão espetacular quanto pesado. Pesava 36 quilos,[109] e apenas o mais especial dos homens seria capaz de suportar uma cerimônia de coroação de três horas com a peça sobre os ombros, isso sem falar na coroa. Feito de veludo de seda carmesim, o manto, com uma cauda de cinco metros, era bordado com centenas de abelhas de ouro maciço. Folhas de carvalho, oliveira e louro apareciam em padrões de bordado que circulavam a letra N. O forro e as bainhas eram feitos de pele de arminho da Rússia.[110]

***

Em 25 de novembro, Napoleão foi encontrar o papa na Floresta de Fontainebleau. Depois, os dois foram levados para Paris na carruagem imperial. O Pavilhão de Flore, no Palácio das Tulherias, tinha sido especialmente preparado para o Pio VII, com todos os cômodos decorados de maneira idêntica aos seus aposentos pontifícios em Monte Cavallo, em Roma. Durante três dias e três noites antes do evento, seis batalhões de granadeiros e soldados de infantaria leve, comandados pelo general Géraud Duroc, guardaram o acesso a Notre-Dame e a Île de la Cité.

No dia 2 de dezembro, as seis da manhã, os hóspedes começaram a chegar sob uma fina neve. Durante quatro horas, 12 mil dignitários franceses e estrangeiros de todos os escalões fizeram fila para entregar seus convites aos 92 oficiais.[111] Entre eles estavam representantes dos corpos legislativos, juízes do Tribunal de Cassação e membros de ministérios do governo, o comissariado de guerra, o Institut de France, a Guarda Nacional, a Légion d'Honneur, o corpo diplomático e o exército.

Às nove em ponto o papa se dirigiu a Notre-Dame. À sua frente ia seu núncio, o cardeal Speroni, em uma mula, conforme mandava a tradição papal. O problema era que Speroni estava furioso: a mula que ele montava era de um tom de cinza-escuro, e não do branco impecável que ele havia pedido. A cena curiosa não passou despercebida entre os parisienses, que não conseguiram conter o riso: “Eis que surgiu essa figura de batina roxa andando numa mula qualquer, ladeada por criados uniformizados que seguravam as rédeas. Será que o contraste entre seus trajes e a simplicidade do restante era alguma piada?”.[112]

Depois de um cortejo longo e digno pela capital francesa, o papa finalmente chegou a Notre-Dame, onde foi recebido pelo monsenhor Jean-Baptiste de Belloy. Ele teve muito tempo para se trocar, já que Napoleão e Josefina ainda não tinham saído de seus aposentos. Embora o protocolo não exigisse, a casa de Napoleão convidara Pio VII a usar sua mitra “para abrilhantar cerimônia”.[113] Com seu traje completo, o papa entrou na catedral pelo portal central, acompanhado de quatro cônegos que levavam um dossel que o cobria. Todo o clero francês estava presente para recebê-lo, enquanto as duas orquestras cantavam a antífona “Tu es Petrus” (“Tu és Pedro”). Ajoelhado em seu banquinho de oração, só restava ao papa esperar a chegada do casal imperial. Ele ficou ajoelhado por noventa minutos.

Já era meio-dia quando Napoleão e Josefina chegaram a Notre-Dame. Após terem trocado suas *petits costumes* da manhã por suas *grands costumes*, a cerimônia enfim podia começar. Todos se levantaram quando o casal imperial apareceu e se posicionou diante dos respectivos tronos. Então a solene missa votiva e a procissão religiosa se iniciaram. Nesse momento Pio VII pediu que Napoleão jurasse cuidar da casa de Deus, ao que ele respondeu com apenas uma palavra: *“Profiteor”* (“Eu prometo”). Em seguida, Napoleão e Josefina receberam das mãos do papa a tripla unção: essa foi a parte solene da coroação, à qual pouquíssimas pessoas de fato assistiram, porque ocorreu, de propósito, em um espaço fechado da catedral. Napoleão não queria que o público o visse se submetendo à Igreja.

O que se seguiu foi, aos olhos de Napoleão, a verdadeira cerimônia, ou seja, a coroação política. Aproximando-se do altar, ele deu as costas ao papa de forma a encarar a assembleia, pegou a coroa e coroou a si próprio. Era o triunfo máximo do *self-made man* que atribuía seu sucesso apenas à própria capacidade.

Pouco depois, ele foi em direção a Josefina, que continuava ajoelhada, e colocou a coroa em sua cabeça. Enquanto as centenas de músicos começavam a tocar uma marcha composta para a ocasião por Jean-François Lesueur e o grande sino Emmanuel soava cada vez mais alto, o casal imperial subiu os 24 degraus que levavam a seus tronos imperiais. O público, acompanhando cada movimento dos dois, ergueu a cabeça para ver seu "Júpiter", cujo rosto e coroa se mostravam iluminados à maestria por lustres cuidadosamente posicionados que pendiam das abóbadas.

O papa então subiu ao trono imperial, beijou o imperador e entoou: *"Vivat imperator in aeternam!"* ("Vida longa ao imperador!"). Seguiu-se a isso a Sagrada Comunhão, que nem o imperador nem a imperatriz tomaram. O público não deixou de notar que a cena era bastante simbólica, especialmente porque o papa e todos os cardeais logo foram conduzidos à sacristia, onde não conseguiriam ouvir Napoleão fazer seu juramento de coroação e declarar sua fidelidade à constituição secular e às leis fundamentais do império, inclusive à Concordata que colocava o Estado acima da Igreja.

Notre-Dame havia sido escolhida exatamente por este motivo: seu tamanho generoso, com direito a deambulatório duplo, galerias superiores, capelas e sacristia, permitia um uso político sagaz. Como o *metteur-en-scène* (criador de cena ou diretor) sagaz que era, Napoleão tinha pensado em todos os detalhes, e as pessoas viam e ouviam apenas o que deveriam ver e ouvir da cerimônia, de acordo com sua posição hierárquica. Notre-Dame tornou-se o símbolo e o local da síntese entre os poderes civil e religioso, um palco giratório em meio ao complexo e multifacetado conflito político da França.

Já passava das três da tarde quando as 25 carruagens do cortejo imperial partiram para o Palácio das Tulherias, seguidas pelas dez carruagens papais, dessa vez sem a mula. Apesar do frio, da neblina e da neve, os parisienses lotaram as ruas. Meio milhão de pessoas se aglomeraram para aclamar o casal de imperadores e admirar sua carruagem reluzente, puxada por oito cavalos brancos com plumas brancas e arreios de couro vermelho. De quando em quando o cortejo precisava parar por conta da aglomeração.[114] Duas horas depois, quando Napoleão e Josefina finalmente voltaram a seus aposentos privados no Palácio das Tulherias, o imperador enfim pôde tirar o manto de 36 quilos que quase o matara esmagado e que ele nunca mais voltaria a usar.

Naquele dia, Napoleão, general e pacificador vitorioso, chefe de um Estado moderno e gênio da política, tinha conseguido a façanha de amenizar antipatias e pôr fim à segregação e ao ódio que dominavam a consciência nacional. Quem mais, a não ser alguém que havia frequentado as escolas da realeza e sido eleito por um povo republicano, poderia alcançar um equilíbrio tão perfeito?

Em 7 de dezembro, cinco dias depois da coroação, e por ordem do ministro interno, o cônego de Notre-Dame, monsenhor D'Astros, recebeu um pacote misterioso, uma prova da gratidão do novo imperador. Dentro estava a coroa de espinhos, um pedaço da cruz, um pequeno frasco contendo o sangue de Cristo, o flagelo de São Luís, sua túnica e muitas outras relíquias sagradas. Os tesouros, que vinham sendo guardados desde 1248 em Sainte-Chapelle, construída por São Luís especialmente para esse propósito, mudariam de casa de vez. Napoleão expressava seu agradecimento à catedral que o tornara imperador.

***

Em 22 de fevereiro de 1800, um aluno do pintor Jacques-Louis David se jogou da fachada da galeria superior de Notre-Dame, guardado em seu bolso havia um bilhete no qual dizia que sempre quisera morrer assim.[115] Será que o pintor preferido de Napoleão, ou *premier peintre*, como era seu título, pensou em seu ex-aluno ao ser convidado a criar a pintura de sua vida? A obra, na verdade, consistia em quatro telas que Napoleão havia encomendado a David, então com 56 anos, dois meses antes da coroação. O projeto ocuparia David por quatro anos.

Depois de pedir e conseguir um camarote especial na catedral no dia da coroação, David fez dezenas e dezenas de esboços, realizou estudos em grupo e tomou notas. Ele também visitara a catedral alguns dias antes do evento para fazer esboços das diferentes *décors*. Então, passou todo o ano de 1805 no processo de preparação. Pediu que um arquiteto o ajudasse com a composição espacial, começou a pintar retratos individuais, procurou um novo ateliê em Paris que fosse grande o suficiente para abrigar as quatro telas enormes e recebeu seu primeiro adiantamento de 25 mil francos para cobrir os custos de produção. Ele soube aproveitar a presença do papa, que ficou em Paris até abril de 1805, para pedir-lhe para posar, e em setembro se instalou em seu novo ateliê, para o qual ele logo pediu dois grandes fornos. O estúdio de David ficava na antiga capela do Collège de Cluny, em frente à Sorbonne. Ele não costumava pintar sozinho; um grupo de seus melhores alunos o visitava para ajudá-lo e dar opiniões. Ele havia contratado um deles, o jovem, talentoso e obediente Georges Rouget, que trabalhava a seu lado. Em 21 de dezembro de 1805, David finalmente começou a pintar *A Consagração do Imperador Napoleão e a Coroação da Imperatriz Josefina*.

Como bom pintor histórico, David gostava de pesquisar. Havia raros registros de cerimônias como aquela, então ele se voltou à Idade Média e às iluminuras do século XV para encontrar fontes que o ajudassem a pintar, por exemplo, os grupos de prelados. Com seus trajes tradicionais e atemporais, eles seriam o elo necessário entre o imperador de aparência antiquada, com seu manto forrado de arminho, e os membros da corte, com suas vestes em um estilo falso gótico. A *Coroação de Maria de Médici em Saint-Denis em 13 de maio 1610*, pintada por Rubens, foi outra óbvia fonte de inspiração.

David logo pediu que uma maquete de pequena escala do coro de Notre-Dame fosse construída em seu ateliê. Dentro dela, ele posicionou bonequinhos que representavam alguns dos 191 personagens notáveis que pintaria na tela, analisando cuidadosamente os efeitos da luz sobre suas roupas e rostos. Nesse processo, ao reconstituir a cena com efeitos de alto-relevo, ele imitou seu herói, Nicolas Poussin. Além do imperador, da imperatriz e do papa, mais de cem dignitários presentes na coroação foram ao ateliê de David posar para retratos. Ele muitas vezes pedia que usassem as roupas que tinham vestido no dia da coroação; também pedira para ficar com o manto imperial e a coroa por um ou dois dias, para que assim pudesse pintá-los em detalhes.

O principal dilema que David enfrentou se referia à postura do imperador na pintura: deveria mostrá-lo coroando a si mesmo ou coroando Josefina? Na verdade, ele pintou ambas as versões. Depois de muito refletir e conversar com seu aluno François Gérard, no verão de 1806, o artista acabou se decidindo pela opção mais delicada e cortês. Seu assistente, Georges Rouget, raspou a superfície da imagem do imperador e David a pintou novamente com a postura mais garbosa. Dar mais destaque a Josefina do que ao imperador mostrou-se um desafio político; no entanto, quando Napoleão aprovou oficialmente a pintura, em 4 de janeiro de 1808, esse debate passou a interessar apenas ao meio acadêmico, e David pôde respirar aliviado.

Naquele dia, 4 de janeiro de 1808, Napoleão, que tinha acabado de voltar de Veneza, atravessou o Sena para ver a pintura concluída no ateliê de David. Acompanhado de Josefina e de uma pequena comitiva, o imperador, segundo testemunhas, teria exclamado: "Parece até uma pintura viva!". Nada como um elogio do imperador para acalmar os detratores. Último a sair do estúdio, depois de mais de uma hora analisando a tela, Napoleão voltou-se para David e tirou o chapéu para cumprimentar o artista.

O que Napoleão mais valorizava no trabalho de David era a atenção aos detalhes e, por consequência, a verdade histórica, além da possibilidade de reinventar os acontecimentos com a presença de personagens cuja ausência fora sentida em Notre-Dame. Para dar um exemplo, a mãe de Napoleão, Letizia, que estava em Roma na ocasião em protesto contra Josefina, por quem nutria profunda antipatia, aparecia observando a cena da coroação de cima, de um camarote central, lançando um sorriso bondoso ao filho. Era assim que, a partir de então, o evento entraria para a posteridade.

A obra *A Consagração do Imperador Napoleão e a Coroação da Imperatriz Josefina.* foi exibida pela primeira vez no Louvre, de 7 de fevereiro a 21 de março de 1808, mas depois ficou escondida até 1838, ao ganhar finalmente espaço em Versalhes. Em 1889 foi levada novamente para o Louvre, onde continua até hoje. Medindo 6,2 metros por 9,8 metros, é a segunda maior pintura do museu, depois do *O casamento em Caná*, de Veronese.

***

Os tempos mudavam rapidamente. Em 2 de setembro de 1815, por ordem do rei Luís XVIII, restaurado ao trono da França pelos inimigos de Napoleão, uma missa solene foi realizada em Notre-Dame como pedido de perdão por todas as afrontas cometidas contra Deus durante a Revolução. Algumas semanas depois, em 17 de outubro, celebrou-se outra missa solene, dessa vez pelo aniversário da morte de Maria Antonieta, para que não houvesse dúvida de que os rebeldes parisienses tinham captado a mensagem. O governo de Luís XVIII não presenciou o retorno do Antigo Regime, e ele não era o monarca absoluto que seu irmão mais velho, Luís XVI, tinha sido. Ainda assim, para alguns, o retorno dos Bourbon à França foi uma notícia desalentadora. Em 18 de abril de 1817, durante a Véspera em Notre-Dame, um pobre *grognard*, um ex-soldado da Velha Guarda de Napoleão, cortou a própria garganta na sacristia. Os franceses teriam de se acostumar com a perda de seu imperador.

6

1831
COMO O ROMANCE DE VICTOR HUGO SALVOU NOTRE-DAME

Isto Salvará Aquilo

O pintor romântico Eugène Delacroix, de 32 anos, que era liberal e bonapartista, foi uma mera testemunha, ou *promeneur*, como ele mesmo se descreveu, dos Três Dias Gloriosos, também conhecidos como a Revolução de Julho de 1830. O que ele presenciou naqueles dias, andando pela capital francesa, o comoveu de maneira profunda: parisienses de diferentes origens, artesãos, trabalhadores, burgueses, estudantes e até crianças construíam barricadas juntos, arriscando a própria vida para lutar pelos direitos que o rei Carlos X queria abolir. O neto de Luís XV, que ocupava o trono desde a morte de seu irmão mais tolerante Luís XVIII, em 1824, queria trazer o Antigo Regime de volta e aos poucos. Ele dera o primeiro passo ao retomar antigas tradições dos Bourbon, como em sua coroação no dia 29 de maio de 1825, que propositalmente decidiu realizar na catedral de Rheims, e não em Notre-Dame.

Em 25 de julho de 1830, o monarca, cada vez mais repressor, tomou seis decisões bastante controversas: a primeira restabelecia a total censura à imprensa; a segunda dissolvia o parlamento predominantemente liberal que acabara de ser eleito; a terceira fazia com que o direito ao voto se tornasse ainda mais restrito aos homens franceses mais ricos, retirando, assim, a participação da *petite bourgeoisie*, que de repente passou a ser considerada suficientemente irrelevante para ter voz; a quarta, a quinta e a sexta apresentavam mudanças constitucionais fundamentais que favoreciam o partido ultramonarquista em muitas instituições públicas. O povo entendeu do que se tratava: era uma provocação, uma afronta. Haveria sangue nas ruas de Paris.

Por três dias "gloriosos", 27, 28 e 29 de julho de 1830, o povo de Paris se armou. Primeiro, a imprensa recusou-se a ceder à censura e anunciou que dali em diante consideraria o poder do rei ilegal, e que seu dever era desobedecer, usando de força se necessário. Guardas reais foram enviados às sedes dos jornais para prender os jornalistas do *Le National*, *Le Temps*, *Le Globe* e *Le Journal du Commerce*, mas os trabalhadores responsáveis pelo impressão e tipógrafos reagiram, desencadeando a insurreição. Ex-membros da Velha Guarda de Napoleão, que guardavam suas armas como souvenires, ou talvez com outras intenções, juntaram-se aos grupos de rebeldes, que até então vinham enfrentando a Guarda Real só com tijolos e pedras.

Enquanto Carlos X permanecia em segurança no seu castelo em Saint-Cloud, ficou claro que os motins começavam a se transformar em uma revolução, com gritos de *"À bas les Bourbons! Vive la liberté!"* ("Abaixo os Bourbon! Viva a liberdade!"). Todos os emblemas reais foram depredados, se não destruídos, e as bandeiras brancas reais com suas flores-de-lis foram queimadas. Parisienses invadiram o Hôtel de Ville e ergueram o cocar tricolor; tropas e mais tropas desertaram e se uniram à revolução; e os alunos da prestigiosa academia militar de Saint-Cyr juntaram-se ao povo nas barricadas.

Os republicanos franceses não conseguiram se unir, pois o marquês de Lafayette, então com 72 anos, recusou-se a liderá-los; então, com muita discrição, um grupo de deputados entrou em contato com Luís Filipe — primo de Carlos X, da parte de Orléans, uma divisão da família Bourbon —, que era conhecido por ser mais libertário. À medida que as negociações evoluíam, quando Carlos X e seu herdeiro direto abdicaram e Luís Filipe aceitara o título de *Lieutenant Général du Royaume* e as condições impostas pelos parlamentares, milhares de parisienses invadiram o palácio episcopal de Notre-Dame em uma revolta anticlerical dirigida a Carlos X, famoso por seu fanatismo religioso. Alguns homens içaram as bandeiras tricolores no topo das torres, enquanto muitos outros iam à loucura, saqueando os cofres do arcebispo, pilhando os objetos de prata e rasgando as vestes cerimoniais dos sacerdotes. A própria catedral e as sagradas relíquias foram poupadas: seria um sinal de respeito vindo dos mais rebeldes e anticlericais dos parisienses?

No início, Delacroix ficara fascinado, mas também apavorado. No entanto, como Alexandre Dumas revelou mais tarde, “quando Delacroix viu a imensa bandeira tricolor hasteada nas torres de Notre-Dame, o entusiasmo venceu o medo. Era a bandeira de Napoleão! Ele exaltaria essas pessoas que a princípio o assustaram.”[116] Esses três dias encheram o jovem pintor de admiração e euforia, emoções vívidas que ele retrataria em uma enorme tela algumas semanas depois: *A liberdade guiando o povo*, a pintura que se tornaria símbolo do espírito revolucionário francês em ação, começava a ganhar forma em sua mente.

Perto da Champs-Élysées, no número 9 da rue Jean Goujon, na nova casa para a qual acabara de se mudar com sua esposa Adèle, o amigo mais novo de Delacroix, o poeta e dramaturgo Victor Hugo, então com 28 anos, também tinha muito a matutar. Em 25 de julho, ele enfim começou a trabalhar em um romance que tinha prometido há muito tempo a seu editor, Charles Gosselin. Ele precisava escrevê-lo em cinco meses, senão teria que devolver ao editor o valor do adiantamento, que inclusive já havia gastado, e pagar multas bastante altas. Seu trabalho teatral, mais conectado à época tumultuada em que vivia, e que era o grande interesse do jovem e vivaz escritor romântico, havia o consumido até então. Mas era chegada a hora de se dedicar a esse novo romance, que dois anos antes ele havia comparado aos trabalhos de Walter Scott, autor muito popular na França daquele período.

Ele não poderia ter escolhido um momento mais explosivo para começar a escrever. Dois dias depois de ele ter escrito o título, *Notre-Dame de Paris* [*O corcunda de Notre-Dame*], os parisienses começaram a construir barricadas, e logo depois a esposa de Hugo daria à luz sua quinta filha, que ganharia o belo nome da mãe, Adèle. Quanto a Delacroix, a exaltação daqueles dias revolucionários de verão e os empolgantes acontecimentos políticos acabariam estimulando a inspiração e a potência narrativa de Hugo.

Ele escolhera Notre-Dame não só como cenário de sua história: a catedral *era* a própria história e, junto do povo de Paris, a heroína. Quando Hugo começou a construir o enredo e os personagens — a bela e cigana Esmeralda, paixão secreta do gentil corcunda e sineiro Quasímodo, o arquidiácono ardiloso Frollo, o poeta pobretão Gringoire e o bonito, mas simplório, capitão da guarda Febo —, ele próprio parecia guiado por uma motivação mais nobre, possuído por uma força de outro mundo.

Não demorou para que Hugo sentisse que o tema começava a extrapolar os próprios limites, como se ele mal controlasse a história, como se não conseguisse conter o próprio fluxo de pensamento. Esse romance seria muito mais, e muito maior, do que ele planejara inicialmente. Ele pediu mais prazo e dinheiro a Gosselin pelo aumento do volume de texto. Seu editor, convencido de que se tratava de apenas mais uma manobra para ganhar tempo, recusou sem titubear. Hugo, no entanto, continuou a escrever e, depois do lançamento da edição de Gosselin, em março de 1831, imediatamente procurou uma nova editora para publicar a versão integral. Fez um acordo com Eugène Renduel, que fazia questão de publicar uma edição ricamente ilustrada pelos melhores artistas da época, como o mestre da xilogravura Henri Porret e o ilustrador Célestin Nanteuil. Ele queria que o livro, enquanto objeto, refletisse seu conteúdo literário. A edição definitiva de *Notre-Dame de Paris,* publicada em dezembro de 1832, com sua capa vermelha ricamente decorada, vinhetas e gravuras neogóticas, era um livro-catedral, cujas ilustrações estimulavam a imaginação do leitor tanto quanto a prosa de Hugo. O público correu para comprar seus exemplares, que, além de ostentarem a poderosa combinação de imagens e texto, ainda tinham preço acessível. Abrir a edição de Renduel era entrar em um mundo jamais visto, e curiosamente ambientado em 1482.

Nada de importante havia acontecido em Notre-Dame em 1482, nem, aliás, em Paris. E ainda assim Victor Hugo escolhera o século XV e o reinado de Luís XI para contar sua história. Talvez porque fosse uma época em que a catedral já sofria com "as incontáveis degradações e mutilações que o tempo e os homens infligiam simultaneamente",[117] talvez também porque havia sido "um período de transição entre o fim confuso da Idade Média e o esplendor grosseiro do Renascimento" —[118] um pouco parecido com meados do século XIX na França, que tentara encontrar uma maneira de proteger o legado de 1789 em um mundo moderno.

Hugo sabia pouco sobre a Idade Média, e pode-se dizer que em geral sabia-se pouco naquela época. A famosa École des Chartes, que formou arquivistas, cientistas históricos e paleógrafos, havia sido fundada poucos anos antes, em 1821, e o conhecimento acadêmico sobre a era medieval ainda era incipiente. Hugo pegou emprestado velhos livros de história sobre Paris assinados por estudiosos dos séculos XVI e XVII, como Jacques du Breul e Henri Sauval, e depois o famoso "dicionário biográfico universal", de Louis-Gabriel Michaud. Ele ergueria sua catedral com a imaginação, incrementando-a com fatos históricos e pessoas reais, e depois a preencheria com suas ideias políticas e filosóficas.

Hugo, com alegria e extrema habilidade, pôs-se a fundir diferentes gêneros literários. *Notre-Dame de Paris* era ao mesmo tempo um romance gótico *à l'anglaise*, uma crônica medieval, uma história de amor, um tratado sobre alquimia, um ensaio filosófico e um manifesto político. A edição definitiva de 1832 continha novos elementos que eram de grande importância para Hugo, como o famoso Livro Cinco e seu capítulo que afirma que a palavra impressa matou a arquitetura, "Isto Matará Aquilo". Neste capítulo, deixando a narrativa de lado, Hugo se dirigia diretamente ao leitor. A tese de Hugo era a seguinte: do início da história até o século XV, a arquitetura tinha sido o livro da humanidade, desde as pedras monolíticas (que representam as letras do alfabeto), passando pelos dólmens (sílabas) e os grupos de dólmens como as Rochas de Carnac e Stonehenge (frases), até chegar a construções inteiras, como as pirâmides egípcias, os primeiros "livros" de história. A invenção da prensa marcou, portanto, a morte da arquitetura, que chegara a seu apogeu com as catedrais góticas, os últimos e mais belos livros de pedra.

Curiosamente, e apesar de a catedral ser a heroína de seu romance, Hugo limitou-se a descrever o lugar em linhas gerais, como um cenário de teatro. Na verdade, ele parecia mais interessado no todo, na ideia que ela representava, em sua simbologia, e menos nos detalhes. Hugo também não conduziu o leitor pela mão em uma visita especial. Na verdade, era preciso esperar até o Livro Três para que a catedral fosse de fato apresentada. "No rosto dessa velha rainha de nossas catedrais, ao lado de cada ruga se vê uma cicatriz", escreveu Hugo. Para ele, Notre-Dame era mesmo um ser vivo, metade rainha, metade quimera.

Victor Hugo queria alcançar dois objetivos com seu romance: primeiro, retratar a Idade Média de forma realista, sem os excessos da febre medieval do início dos anos 1800, um pastiche barato que se limitava às fadas, ruínas e trovadores; em segundo, conscientizar o público sobre o estado deplorável em que se encontravam os monumentos históricos da França, que ou caíam aos pedaços aos poucos, ou eram logo demolidos pelos incorporadores. Os monumentos mereciam um minucioso plano nacional de restauração e proteção, e Hugo se tornaria um porta-voz altruísta e incansável.

Ele nutria antipatia especial pelos supostos "homens da arte" que haviam mutilado a catedral do século XV em diante. "Mas quem derrubou as duas fileiras de estátuas? Quem deixou os nichos vazios? Quem criou aquela nova e falsa ogiva bem no meio do portal central? Quem se atreveu a instalar ali aquela pesada e deselegante porta de madeira, esculpida ao estilo Luís XV, ao lado dos arabescos de Biscornette? Os homens, os arquitetos, os artistas de nosso tempo." No Livro Três, Hugo reuniu em uma longa lista as degradações que a mão do homem infligira. Na verdade, ele distinguiu três tipos de dano: "Primeiro há o tempo, que, sem ninguém perceber, tirou lascas da catedral aqui e ali e deitou ferrugem por toda sua superfície". Em segundo lugar vieram as revoluções políticas e religiosas, "cegas e coléricas por natureza, que se lançaram sobre a catedral com violência [...], estilhaçaram suas rosáceas, quebraram seus colares de arabescos e figuras humanas, destruíram suas estátuas, ora por usarem mitra, ora por terem uma coroa". Em terceiro lugar, haviam surgido tendências tolas e absurdas que causaram ainda mais danos do que as revoluções:

> Deixaram-na em carne viva, golpearam a estrutura óssea da arte que havia embaixo, cortaram, talharam, deslocaram,

mataram o edifício, tanto na forma quanto no simbolismo, tanto na lógica quanto na beleza. E depois o refizeram, uma pretensão que nem o tempo nem as revoluções haviam nutrido. Sem nenhum pudor, em nome do "bom gosto", cobriram as feridas da arquitetura gótica com as quinquilharias ordinárias que tinham inventado no dia anterior.

Hugo não sentia nada além de desprezo pelos supostos defensores do "bom gosto", oficiais ignorantes: "A magnífica arte produzida pelos primeiros vândalos foi assassinada pelas academias [...] É o coice do asno no leão moribundo. É o velho carvalho já corroído que as lagartas picam, mordem e roem no golpe fatal".

Com *Notre-Dame de Paris*, Victor Hugo levou adiante uma briga que havia comprado em 1825, quando tinha apenas 23 anos. Seu panfleto *Guerre aux Démolisseurs!* (*Guerra contra os demolidores!*), também publicado sob o título *Sur la Destruction des Monuments en France* (*Sobre a destruição de monumentos na França*), já havia soletrado, com clareza e paixão, que salvar os antigos monumentos da França era uma questão urgente. "É chegada a hora de todos quebrarem o silêncio. Um grito universal deve suplicar para que a nova França chegue e salve a velha França." Esse texto fervoroso fora publicado várias vezes desde 1825, tendo sido publicado mais uma vez em 1832, como complemento de *Notre-Dame de Paris*, o que causou um profundo impacto no novo regime político de Luís Filipe e na opinião pública.

Em vez de construir novos edifícios de estilo greco-romano, que afinal não são nem gregos nem romanos, por que não salvar edifícios medievais originais que são exclusivamente franceses?, argumentava Hugo. O que ele defendia era a criação de uma nova lei que impedisse que especuladores imobiliários demolissem edifícios históricos. "Quando falamos de um edifício, há duas questões: seu uso e sua beleza. Seu uso cabe ao dono, já sua beleza pertence a todos; a você, a mim, a nós. Portanto, quem o destrói extrapola seus direitos." Além disso, ele reivindicava processos de auditoria e supervisão, que poderiam ser oferecidos como serviço público por uma instituição ou por um departamento específico em um ministério, ou seja, pedia que se criasse uma unidade de monitoramento.

Luís Filipe, ansioso para se legitimar na política com o duplo legado da revolução de 1789 e da Velha França, viu na campanha de Hugo uma possibilidade. Seu primeiro-ministro, François Guizot, defendia que cabia apenas ao Estado gerenciar tais operações, com a ajuda de prefeitos e subprefeitos. Por isso, criou o cargo de inspetor de monumentos históricos, que o escritor Prosper Mérimée (autor da novela *Carmen*) assumiu a partir de 1834, como veremos no próximo capítulo. Era hora de salvar do esquecimento a Idade Média e sua arte verdadeiramente original; hora de mostrar aos franceses seu legado medieval extraordinário, do qual pareciam ter se esquecido.

Não tinha sido justamente para a Paris do século XIII e para a universidade em torno de Notre-Dame que os prelados do mundo cristão, os bispos da Escandinávia, da Hungria, de Moreia, de São João do Acre e de Nicósia debandaram para estudar e se esclarecer?[119] As proibições por meio das quais o papa tentara banir da universidade todos os tratados de Aristóteles sobre outros assuntos que não a lógica foram triunfantemente desafiadas, e Paris se tornara um ímã para estudiosos e estudantes que pensavam por si. Uma vez que os intelectuais passaram a reivindicar o direito de filosofar, professores leigos ensinavam a obra de Aristóteles a alunos muito jovens, muitos dos quais pretendiam seguir carreiras seculares.

Não tinha sido, por fim, essa mesma universidade, logo ali, na Île de la Cité, que apresentara uma nova abordagem, e uma abordagem racional, da ideia da felicidade humana? Não tinha sido nessa universidade que professores laicos do século XIII declararam que o pensamento levava à dignidade humana, à liberdade e à bondade?[120]

A França pós-revolucionária e pós-napoleônica só poderia dar boas-vindas à oportunidade de mergulhar em um passado a um só tempo esquecido e glorioso, no qual Notre-Dame tinha um papel especial e simbólico por dois motivos principais. Um deles era o fato de ela mostrar a face bela e a face conturbada da história francesa, e também ser uma síntese:

> Cada faceta, cada pedra do venerável monumento é uma página não só da história da França, mas também da história da ciência e da arte. Dessa forma [...], enquanto a pequena porta vermelha quase chega ao limite da sutileza gótica do século XV, os pilares da nave, por meio de seu volume e densidade, remontam à abadia carolíngia de Saint-Germain-des-Prés. Qualquer um pensaria que há seis séculos entre a porta e os pilares. [...] Esta igreja central e gerativa é uma espécie de quimera entre as antigas igrejas de Paris; tem a cabeça de uma, os membros de outra, a parte traseira de uma terceira; algo de todas.

O segundo era o fato de Notre-Dame ser a catedral do povo, capaz de fazer as pessoas sentirem que "as maiores produções arquitetônicas são mais do que obras de indivíduos, são obras das sociedades; frutos do trabalho de povos inteiros, e não da inspiração de homens talentosos; o depósito deixado por uma nação; o acúmulo de séculos".

O romance de Hugo proclamou a ressurreição da arquitetura medieval, que logo seria encabeçada pelo jovem arquiteto autodidata Eugène Viollet-le-Duc. Contratado em 1834, pelo recém-criado Departamento de Monumentos Históricos, Viollet-le-Duc, que sempre se rebelou contra as academias, também pertencia ao grupo dos apaixonados pelas velhas pedras que lutavam para que os monumentos medievais fossem restaurados e tratados com dignidade. Se Victor Hugo salvou Notre-Dame com seu livro, Viollet-le-Duc logo lideraria sua restauração.

Notre-Dame de Paris foi bem-sucedido de várias formas. Tendo alcançado seu objetivo de impedir que catedral de Paris morresse, o livro rapidamente se tornou um dos primeiros fenômenos multimídia globais. Os personagens do romance e a catedral começaram a aparecer por todo lado: em pratos, termômetros, cinzeiros, miniaturas, relógios, pôsteres, gravuras baratas e litografias, entre muitos outros objetos. Alguns meses após sua publicação, Hugo, um pouco relutante, concordou que o livro fosse adaptado para a ópera. Na verdade, desde 1832 a obra fora levada dez vezes aos palcos como peça de teatro e balé e uma dúzia de vezes como musical, além das dez vezes em que foi transformada em filme desde o início da sétima arte — suas versões cinematográficas mais notáveis são as interpretadas por Charles Laughton e Maureen O'Hara, como Quasímodo e Esmeralda, em 1939, e por Anthony Quinn e Gina Lollobrigida, em 1956. Em 1996, a animação *O corcunda de Notre-Dame*, da Disney, cumpriu a função de passar o bastão para as novas gerações, o que talvez explique por que o romance de Victor Hugo levou Céline Dion às paradas de sucesso e se transformou em cenário de games, como *Assassin's Creed Unity*.

Não é incomum que os franceses busquem a literatura depois de catástrofes nacionais. Depois dos ataques ao *Charlie Hebdo*, em janeiro de 2015, as vendas de *Tratado sobre a tolerância* (1763), de Voltaire, um panfleto contra o fanatismo religioso, foram às alturas. Depois dos ataques de 13 de novembro de 2015 em Paris, que deixaram mais de 130 mortos e quatrocentos feridos, *Paris é uma festa*, de Ernest Hemingway, encabeçou a lista dos livros mais vendidos por meses. A forma como o livro celebra Paris, com despreocupação e alegria, cativou milhões de franceses traumatizados pelos ataques terroristas. Nas semanas que se seguiram ao incêndio de 15 de abril de 2019, o romance de Victor Hugo, relançado em uma edição especial cujos lucros seriam revertidos para a reconstrução, de repente passou a vender em poucos dias o que vendia em um ano inteiro. Isto Salvará Aquilo: o livro que cuidou e continua cuidando de Notre-Dame.

7

1844
VIOLLET-LE-DUC

"Gostaria que minha vida acabasse
bem aqui, sob a luz da rosácea"

Eugène Viollet-le-Duc nasceu no número um da rue Chabanais em Paris, perto do Palais Royal, numa tarde gélida de janeiro de 1814. Era filho da burguesia erudita, católico por convenção social mais do que por convicção, e quase sempre apolítico. Entre seus parentes por parte de pai havia funcionários públicos e mercadores; por parte de mãe, seu tio, Étienne Delécluze, havia sido aluno do pintor Jacques-Louis David na época da coroação de Napoleão, e em 1822 tornara-se o crítico de arte do influente *Journal des débats*, cargo no qual permaneceu por 35 anos. Amigo de escritores como Stendhal e Prosper Mérimée, Étienne organizava um salão literário *d'esprit libéral* todos os domingos às duas da tarde, no sótão do apartamento em que Viollet-le-Duc morava.

Esses jovens progressistas, que tinham sido duros críticos das monarquias de Luís XVIII (1814–24) e Carlos X (1824–1830), estavam, no entanto, mais interessados nas artes do que na política e, acima de tudo, encaravam o mundo em que viviam com intensa curiosidade. Intelectuais polivalentes, devoravam a literatura e estudavam com afinco a arqueologia, a botânica e a ciência. Mérimée, um pianista competente, tinha estudado direito, e também russo, inglês, árabe e grego, mas seu apetite por história, misticismo e todos os temas incomuns era infinito. Esses jovens não se identificavam de todo com o estilo de Victor Hugo, que consideravam muito enfático; acreditavam mais numa espécie de "romantismo realista".

Com quase trinta anos, Mérimée, que já era um contista de sucesso, decidiu se tornar funcionário público — assim poderia escrever enquanto ganhava salário fixo, além de realizar algumas de suas ambições de longo prazo. Sua paixão por pedras antigas o tornava o candidato perfeito para o cargo de inspetor de monumentos históricos. Criado pelo novo líder da França, o rei Luís Filipe, em 1830, esse novo serviço público tinha como objetivo realizar a tarefa urgente de avaliar, listar e ajudar a manter o grande número de monumentos históricos da França, alguns dos quais, assim como Notre-Dame, encontravam-se em um estado deplorável. Mérimée conquistou seu emprego dos sonhos em 27 de maio de 1834, e logo rodou o país inteiro para criar a primeira classificação de monumentos históricos e estabelecer um orçamento para sua preservação. Esse foi o início de uma longa e incrível aventura.

O jovem Viollet-le-Duc queria ser arquiteto, mas não desejava frequentar a faculdade de artes, ou seja, nem École des Beaux-Arts, nem a Académie de France em Roma, as duas principais instituições artísticas que moldavam o talento francês. Ele achava que essas duas escolas, por mais prestígio que tivessem, tolhiam a criatividade individual e impunham uma visão de mundo própria. Além disso, havia um sistema de cartas marcadas entre professores que impedia as vozes originais ou dissidentes de emergirem. Eugène era rebelde. Além do mais, sua paixão pela arte e arquitetura da Idade Média era um diferencial em uma época em que o neoclassicismo era a grande tendência. A Idade Média era vista como *bizarrerie*, um mundo povoado por monstros, medo e irracionalidade, mas ele acreditava justamente no contrário: tinha começado a estudar a construção medieval e não se cansava de admirar o que lhe parecia um trabalho de muita racionalidade e clareza.

Eugène queria mudar de rumo, mas como encontraria sua formação em arquitetura? Seu tio Étienne o aconselhou a viajar pelo país, observando, desenhando, estudando e pintando, e depois voltar a Paris. E, para mostrar como funcionava, durante o verão de 1831, Étienne levou o sobrinho de dezessete anos numa viagem de descoberta que durou três meses. Eles foram de Auvergne à Provença, desenhando cada igreja e monumento antigo que viam no caminho. Eugène voltou para casa com 35 desenhos. Depois que sua mãe morreu de cólera no ano seguinte, o aspirante a arquiteto continuou a viajar pela França; dessa vez ele escolheu a Normandia e foi de Cherbourg para Le Havre e de Honfleur para Rouen. Seus desenhos de paisagens e monumentos foram ficando cada vez melhores, e quatro deles foram exibidos no Salon de Printemps em 1832. Ele tinha encontrado sua vocação nas estradinhas rurais da França. Em 1833, ele concluiu outra viagem de três meses pelo vale do Loire, no Languedoc e nos Pirineus, e voltou com 173 desenhos.

De volta a Paris, ele assumiu um cargo de professor de desenho e casou-se com Elisa, filha de um fabricante de brinquedos, contra a vontade de sua família. Depois, ele partiu mais uma vez, viajando, desenhando e estudando. Dessa vez ele parou em Chartres, onde passou dez dias desenhando cada detalhe da catedral. A paixão que o jovem sentia pelas velhas pedras tornou-se ainda mais profunda. Ele escrevia longas cartas para a família: "No coro alto estão as figuras que contam a história mais bonita do mundo [...]. Meus olhos se enchem de lágrimas e eu gostaria que minha vida acabasse bem aqui, sob a luz da rosácea".[121] Seu pai, depois de convencer o rei Luís Filipe a encomendar duas aquarelas de Eugène, financiou uma viagem de dezoito meses pela Itália, para que seu filho pudesse prosseguir com a educação que escolhera para si por meio do desenho e do estudo de arquitetura in loco. Acordou-se que Elisa e seu filho recém-nascido se juntariam a ele em algum momento de suas peregrinações pela Itália. Sicília, Nápoles, Pompéia e Roma, onde Eugène se sentiu "completamente atordoado", ofereceram-lhe ainda mais conhecimentos na arte da arquitetura. O pintor Ingres, então diretor da Académie de France em Roma, recebeu o jovem Viollet-le-Duc e sua esposa, e fez um belo retrato de Elisa a lápis de chumbo.

Como não tinha trilhado o caminho tradicional para se tornar arquiteto, Eugène sentia-se inseguro e nervoso. O que deveria estudar em seguida: física, geometria, matemática da construção? Em Veneza, ele tinha se interessado pela Idade Média, em Florença, pelo Palácio Pitti e pela catedral de Santa Maria del Fiore. De volta a Paris, ele retomou seu cargo de professor, mas lá no fundo algo o incomodava: quando teria a chance de pôr em prática suas habilidades arquitetônicas? Ele não precisou esperar muito. Seu talento e sua paixão tinham chamado a atenção de arquitetos e editores poderosos, que divulgavam seu trabalho e o recomendavam no alto círculo.

A guinada veio em 1838, quando Mérimée contratou Eugène, então com 24 anos, para seu Departamento de Monumentos Históricos e deu-lhe sua primeira missão em Narbona, no sudoeste da França, antes de lhe confiar a restauração da Basílica de Vézelay. O que Mérimée e a Comissão de Monumentos Históricos buscavam em um arquiteto era um olhar crítico, além da capacidade científica de avaliar o que era necessário para a restauração de um monumento. Eles não buscavam profissionais que se limitassem a remendar edifícios antigos.

Quando falava em "restauração", Mérimée, assim como Viollet-le-Duc, não se referia ao processo de consertar. O que eles queriam descrever era o ato de desvendar e revelar a essência e a personalidade original desses monumentos.[122] A restauração era, em muitos aspectos, um processo arqueológico, e não raro o que se descobria sobre a antiga estrutura e sua construção servia para lançar luz sobre sua forma original e sobre os equívocos e as mutilações que enfrentara com o passar dos anos. Isso fazia ainda mais sentido no caso dos monumentos medievais. E deve ter sido por isso que, logo após concluir cada um dos trabalhos de restauração que fazia, Viollet-le-Duc se sentia compelido a comunicar sua experiência e suas descobertas em diários. Entre 1844 e 1846 ele publicou oito artigos nos *Annales archéologiques*. Alguns títulos foram "Sobre a construção de edifícios religiosos desde o início do cristianismo até o século XVI" e "A construção de abóbadas no século XIII".[123]

Durante aqueles primeiros anos de entusiasmo, sob a direção de Mérimée, e viajando pelo país de um lugar a outro, Viollet-le-Duc também aprendia, na prática, a supervisionar um canteiro de obras, com suas dezenas, às vezes centenas, de trabalhadores, sua administração, gestão financeira, contabilidade, licitações, regulamentos, conhecimentos obrigatórios sobre todos os materiais utilizados e validação das despesas.

Ele tinha se tornado amigo de um arquiteto sete anos mais velho, Jean-Baptiste Lassus, e juntos os dois decidiram apresentar à Comissão de Monumentos Históricos um projeto para a restauração de Notre-Dame, que incluía a construção de um novo pináculo (o mais recente, considerado muito instável, tinha sido derrubado em 1792). Era hora de colher os frutos do trabalho. Graças a *Notre-Dame de Paris*, de Victor Hugo, a opinião pública tinha passado a apoiar projetos de restauração dispendiosos e longos; a população até os reivindicava ao governo.

A relação de amizade que Viollet-le-Duc e Lassus tinham com Prosper Mérimée deve ter ajudado: a comissão não mediu elogios à sobriedade e à simplicidade do projeto, que, ao mesmo tempo, era ambicioso como deveria ser. Também mostrava um olhar atento aos detalhes e à pesquisa e, como os membros da Comissão exigiam, era praticável do ponto de vista financeiro. Selecionado entre quatro outras propostas, o projeto, que consistia em 44 páginas e 22 desenhos de grande escala, foi oficialmente selecionado em março de 1844, e Viollet-le-Duc, então com trinta anos, e Lassus, aos 37, foram declarados grandes vencedores do concurso.

A restauração de Notre-Dame levaria vinte anos para ser concluída e abrangeria três regimes políticos diferentes, da monarquia à república e ao império. Tudo graças a Mérimée, que, para resguardar seu departamento, abraçou todas as causas políticas da ordem do dia. Em 1851, um ano antes de Luís Napoleão transformar a Segunda República no Segundo Império por meio de um golpe de Estado, ele garantiu a Mérimée por escrito: "Viollet-le-Duc pode continuar seu trabalho, vou garantir que ele não seja incomodado".[124] Em 1853, Mérimée tornou-se senador para proteger seu exército de arquitetos. E, de fato, a grandiosa restauração de Notre-Dame não seria prejudicada pelas turbulências políticas da França. Luís Napoleão, e quiçá a Providência Divina, parecem ter cuidado disso.

***

Viollet-le-Duc tinha três anos quando um velho criado o levou a Notre-Dame:

> Ele me levava no colo, porque a catedral estava lotada. De repente, vi o vitral da rosácea sul e fiquei olhando. Os raios do sol lhe conferiam um brilho inacreditável. Ainda me lembro de onde estávamos na catedral. E então o Grande Órgão começou a tocar. Como eu era criança, era o vitral que estava cantando. O velho me dizia que era o órgão, mas não, não havia dúvida de que era a rosácea. Atribuí as notas agudas a certos painéis de vidro colorido, enquanto outros tinham uma voz mais grave. Um pouco depois fiquei assustado, e ele precisou me levar embora.[125]

Viollet-le-Duc concluiu: "Não são os estudos que nos oferecem essa relação íntima com as artes".

Qual foi o diagnóstico de Viollet-le-Duc e Lassus em 1843, ao começarem o trabalho de restauração que devolveria Notre-Dame à magnífica forma original? Segundo eles, a construção dos séculos XII e XIII tinha sido alterada de maneira violenta do século XVI até o início do século XIX. A catedral de Maurice de Sully representava o "núcleo", portanto, Notre-Dame em sua forma mais preciosa e pura. O "invólucro" adicionado no final do século XIII e ao longo do século XIV não tinha, no entanto, comprometido o "núcleo", nem ofuscado a clareza geral de Notre-Dame.[126] Em outras palavras, três séculos haviam servido para aperfeiçoar a obra-prima de Maurice de Sully, enquanto outros três séculos a tinham escondido. Viollet-le-Duc e Lassus se comprometeram a reparar aqueles trezentos anos de avarias.

Eles queriam, por exemplo, devolver a Notre-Dame os treze degraus que antes levavam à fachada e que haviam sido cobertos por volta de 1507. Queriam restaurar as estátuas originais, destruídas pelo tempo ou pelo homem, e em especial as gárgulas, que haviam sido substituídas quase totalmente por canos de chumbo comuns, e não apenas representavam a essência da arte gótica como também faziam as vezes de canos de escoamento. Eles deram a ideia de devolver os vitrais que ficavam acima da nave e das janelas do coro, que os sacerdotes tinham destruído em 1741 e 1753 e substituído por um vidro barato e sem cor. Eles também se propuseram a restaurar o tímpano do portal central, dedicado ao Juízo Final, que o arquiteto Jacques-Germain Soufflot tinha arrancado sem mais nem menos em 1771, para permitir que as procissões entrassem na catedral com mais facilidade. E havia o pináculo.

Os jovens arquitetos também torciam para encontrar vestígios arqueológicos que revelassem novas informações sobre a história e construção da catedral, e desse modo os ajudassem a corrigir as mutilações do passado recente de maneira mais assertiva e autêntica.

Enquanto a Assembleia Nacional aprovava um orçamento especial de 2,6 milhões de francos para a primeira parte da restauração, as duas principais prioridades dos arquitetos no início do trabalho, na primavera de 1845, eram a fachada e a estatuária. Viollet-le-Duc tinha passado dias e noites em Notre-Dame, inspecionando cada detalhe, tentando revelar e identificar resquícios de imagens medievais para depois reproduzi-las. Especialistas e artistas juntaram forças e se debruçaram sobre seus cavaletes para esboçar expressões e rostos que "contassem histórias". Os portais da Virgem Maria e de Santa Ana também precisavam voltar a ser "legíveis". Quanto aos 28 reis de Judá, que tinham sido confundidos com reis da França e decapitados durante a Revolução de 1793, os arquitetos pretendiam devolvê-los aos seus nichos vazios na galeria superior da fachada.

Nos lugares em que a pedra estava em condições muito precárias, eles a substituíam, mas em geral tinham o raro cuidado de manter a peça original sempre que possível. Dos capitéis das 39 colunas da fachada, por exemplo, apenas sete foram substituídos. Uma análise cuidadosa revelou sinais de policromia. Em outras palavras, a fachada original tinha sido pintada com cores marcantes, como vermelho e amarelo, confirmando o que Viollet-le-Duc pensava havia muito tempo sobre o uso das cores na arquitetura medieval. Na verdade, ele sempre acreditara que havia uma grande diferença entre a arquitetura medieval, em que a estrutura e a forma não só eram reveladas, como muitas vezes eram realçadas pela cor, e a arquitetura renascentista, em que a pintura, na opinião de Viollet-le-Duc, muitas vezes era usada apenas como "cor decorativa". Para ele, a pintura era "uma feiticeira": "Com uma só pincelada, ela pode destruir um trabalho promissor, mas também pode fazer um edifício modesto cantar".[127]

Na fachada de Notre-Dame, Viollet-le-Duc analisou com cuidado os vestígios de tinta que havia descoberto nos capitéis das colunas e também nas arcaturas dos 28 nichos dos reis; ele concluiu que, além de vermelho-claro, verde e amarelo, a cor preta também tivera um papel importante: "ela alinhava a moldura convexa, preenchia os planos de fundo, circundava os ornamentos, redesenhava as formas com grandes pinceladas".[128] Ainda que estivesse convencido de que partes da fachada tinham um dia sido coloridas, como os nichos dos reis de Judá, os tímpanos e os arcos dos portais, Viollet-le-Duc não sugeriu restaurar as cores que Notre-Dame ostentava na era medieval. Talvez porque soubesse que os orçamentos nacionais de restauração não cobririam custos de decoração.

Em vez disso, ele criou uma série de motivos coloridos e sugeriu soluções para as capelas que ficavam dentro da catedral, e caberia à Igreja e aos paroquianos de Notre-Dame pagar por elas, se assim desejassem. Muitas doações privadas começaram a chegar, e várias das capelas da nave e do coro puderam ser pintadas. Seguindo suas recomendações, seu jovem colega, o artista plástico Auguste Perrodin, pintou dosséis radiantes em azul e dourado, enquanto as paredes em tons mais claros receberam brasões coloridos. Viollet-le-Duc ficou encantado com o resultado: "Nunca pensei que seríamos capazes de alcançar de novo essas linhas tão simples, essas cores transparentes cuja receita os monges italianos pareciam ter enterrado para sempre em seus claustros".[129]

Em outra parte da catedral, os dois começaram a tirar todas as camadas de cal e de tinta branca grosseira que haviam sido aplicadas às pressas ao longo dos séculos, cada vez que Notre-Dame precisava ficar apresentável. Restaurar os vitrais das rosáceas também era prioridade, e, para atender às necessidades do clero, tinham pedido que Viollet-le-Duc e Lassus construíssem uma nova sacristia no flanco sul da catedral, conectada ao coro por uma passagem. Notre-Dame se tornou a maior obra de restauração da França; cinco anos depois, em 1850, entretanto, os arquitetos precisaram parar: não havia mais dinheiro nos cofres. Os legisladores precisariam fazer uma votação e alocar mais verbas.

***

Graças a Notre-Dame, Viollet-le-Duc ficou cada vez mais conhecido e foi contratado para cada vez mais trabalhos na França. Ele passava muito tempo viajando e quase não via sua família — não que ele parecesse se importar, consumido como vivia por sua paixão por velhas pedras. A família se acostumou à sua ausência, e sua bela esposa Elisa encontrou consolo nos braços do escritor Charles Augustin Sainte-Beuve. Ao que tudo indica, Sainte-Beuve tinha o hábito de consolar esposas abatidas: ele acabara de sair de um caso de sete anos com Adèle, esposa de Victor Hugo, quando voltou sua atenção a Elisa.

O amor que Viollet-le-Duc nutria pela Idade Média e seu profundo conhecimento da arte gótica fizeram com que ele se tornasse o restaurador de monumentos medievais que todos queriam contratar. Chamaram-no para trabalhar em Carcassonne, em Saint-Denis e em Saint-Sernin, perto de Toulouse, entre outros lugares. A Segunda República (1848–52) veio e se foi, diminuindo o ritmo de trabalho por conta da incerteza política e dos cortes de orçamento. No entanto, Prosper Mérimée vira o futuro e apostara em Luís Napoleão na hora certa, ou melhor, antes do golpe de Estado de 2 de dezembro de 1851, para conseguir manter seu departamento na ativa e proteger seus arquitetos.

Os monumentos medievais da França, com seis ou sete séculos de história, tinham chegado a um ponto crítico e pediam um trabalho exaustivo de restauração. Dos 2,4 mil edifícios listados, 1,5 mil exigiam reparos urgentes, o que tomava quase todo o orçamento anual de 800 mil francos, em 1848. As autoridades locais não tinham dinheiro o suficiente para criar um orçamento à parte para seus monumentos antigos, então cabia ao governo pagar essa conta. E havia outros monumentos mais recentes que também precisavam de atenção, como o Louvre, para o qual os deputados franceses tinham reservado um orçamento inicial de 2 milhões de francos dos 25 milhões que eram necessários. Três mil trabalhadores foram contratados para rejuvenescer o Louvre. Na verdade, Mérimée sabia que Luís Napoleão compreenderia que seu departamento empregava milhares de trabalhadores, artesãos e artistas de toda a França, e desse modo dava origem a um programa nacional de educação e artes que beneficiava a economia como um todo. Oferecer empregos em massa era parte fundamental do plano de Luís Napoleão para tolher o espírito de insurreição que seus compatriotas custavam a abandonar.

Em 1851, Viollet-le-Duc publicou um longo artigo na *Revue Générale de l'Architecture et des Travaux Publics,* na expectativa de convencer a opinião pública e seus representantes no parlamento de que a restauração de Notre-Dame precisava continuar e, assim, angariar mais dinheiro público. Ele relatou as surpresas indigestas que encontrara depois de despir as paredes dos *cache-misères* — camadas de tinta, pedaços de alvenaria e gesso — aplicados ao longo dos séculos: grandes rachaduras na fachada, contrafortes cobertos de salitre, a oxidação e a porosidade que atingiam as plataformas, as cornijas apodrecidas por trás dos preenchimentos. A mensagem era clara e emotiva: o projeto de Notre-Dame talvez fosse a maior e mais dispendiosa obra de restauração da França, mas era urgente!

Luís Napoleão ouviu seu apelo. Um fundo especial de 6 milhões de francos para Notre-Dame seria votado rapidamente. O líder francês decidiria, no entanto, testar a resistência de seu arquiteto. Ele resolveu celebrar um Te Deum na catedral no Ano-Novo de 1852 e deu a Viollet-le-Duc seis dias para embelezar Nossa Senhora.

Labutando noite e dia, centenas de artesãos e trabalhadores seguiam as ordens do arquiteto. Com tão pouco tempo, só havia uma maneira de fazer o plano dar certo: Viollet-le-Duc resolveu usar de sua expertise para decorar, e assim cobrir de maneira elegante, o trabalho incompleto de restauração. Depois de retirar o andaime da fachada, ele instalou um velário vermelho salpicado de estrelas douradas acima dos portais, para dar as boas-vindas aos convidados. Dentro da catedral, a rosácea sul foi coberta com seda azul-clara bordada com mais estrelas douradas, enquanto enormes bandeiras compunham o conjunto *trompe l'oeil* e ajudavam a esconder o maior canteiro de obras da França. As colunas também foram envoltas em veludo de seda vermelho-rubi com franjas douradas. Grinaldas de folhagem verde corriam de coluna em coluna, dando a volta pela nave, enquanto centenas de candelabros sustentavam 13 mil velas.[130]

Luís Napoleão ficou tão satisfeito com o resultado que decidiu realizar seu casamento com Eugénia de Montijo, uma princesa espanhola, em 30 de janeiro de 1853, na catedral. Dessa vez, ele pediu a Viollet-le-Duc uma decoração digna da coroação de Napoleão. Um daguerreótipo antigo mostrava o pórtico gótico temporário projetado pelos arquitetos. Ele se estendia pela fachada e contava com estátuas de Carlos Magno e Napoleão montados em seus cavalos. Entre os elementos mais marcantes estavam quatro imensas águias, que pareciam estar sentadas nas duas torres da catedral, e estandartes tricolores e dourados que pendiam do campanário. Na parte interna, uma profusão de flores e tecidos, véus de seda, tapeçarias, estandartes, bandeiras, tapetes e dosséis bordados com abelhas douradas, o símbolo napoleônico, escondiam toda obra de restauração e faziam a catedral parecer um porta-joias. De acordo com fontes, a noiva, com diamantes dos pés à cabeça, e o noivo, em seu uniforme de tenente-general, ficaram maravilhados. Às seis da manhã do dia seguinte à cerimônia, os trabalhadores voltaram à catedral, assim como Viollet-le-Duc.

Quando Lassus morreu de forma repentina em 1857, restou a Viollet-le-Duc terminar sozinho a restauração de Notre-Dame e projetar o novo pináculo. O imperador francês aprovou os desenhos em março de 1858. Viollet-le-Duc não considerava o antigo pináculo, que na verdade era uma pequena torre sineira, grande o suficiente para merecer uma reconstrução fiel — especialmente se comparado ao da vizinha Sainte-Chapelle. Era muito importante que o futuro pináculo se integrasse ao horizonte de Paris. Nos tempos medievais os pináculos eram uma forma de pontuação visual, e Viollet-le-Duc tinha isso em mente quando desenhou o novo *flèche*. Ele também queria se aproveitar das técnicas da engenharia moderna para aprimorar a estabilidade e o equilíbrio da estrutura. O novo pináculo repousaria sobre as quatro estacas do transepto. De formato octogonal, seus oito pilares de canto se curvariam levemente para dentro, para que fosse possível "correr o olho, sem obstáculos, da base do pináculo ao seu topo". Para a base, ele pensou em uma série de estátuas de três metros de altura em cobre forjado que representariam os doze apóstolos e quatro evangelistas, alinhadas como na escada de Jacó. No topo dos pilares, longos picos formavam a base do cume, em forma de estrela e decorada, por sua vez, com águias de asas dobradas. A estrutura do pináculo, revestida em chumbo, contava ainda com gárgulas que serviam de sistema de drenagem. Por fim, bem no topo, acima do catavento, havia um galo que abrigava em suas entranhas de cobre as relíquias de Santa Genoveva, a padroeira de Paris. A construção do pináculo se iniciou no dia

14 de fevereiro de 1858 e foi concluída no inverno de 1860. Até a noite de 15 de abril de 2019, o pináculo de Viollet-le-Duc era um emblema de Paris, um símbolo de união para toda a França. Ou, nas palavras do arquiteto-chefe Pierre-Antoine Gatier, que agora é responsável pela Torre Eiffel: "É um alfinete no mapa, um dedo em riste, o coração vivo da França".[131]

***

Apesar de seu amor pelas pedras medievais, Viollet-le-Duc também era um arquiteto moderno muito dedicado. Ele enxergava forte ligação entre os dois conceitos, na verdade, e queria que as futuras gerações de arquitetos da França abraçassem a modernidade por meio de um conhecimento aprofundado da história, e principalmente da arte do século XIII. Ele queria que os jovens a estudassem "assim como aprendemos nosso idioma, de maneira a compreender não só as palavras, mas também sua gramática e sua alma". Para Viollet-le-Duc, a Grécia e a Roma antigas eram temas da arqueologia, enquanto a arquitetura francesa do século XIII trazia os primeiros ensinamentos artísticos.[132] Ele insistia que os alunos da École des Beaux-Arts e da Académie de França deviam *estudar*, e não imitar o estilo medieval.

Em periódicos dedicados à arquitetura, mas também em publicações de arte mais acessíveis, como a *Gazette des Beaux-Arts*, Viollet-le-Duc tratava, por exemplo, da genialidade do arquiteto medieval Villard de Honnecourt (1200–50), cujos cadernos de desenho ganharam nova publicação na França em 1860. Para Viollet-le-Duc, seus desenhos admiráveis mostravam o que um arquiteto deveria ser: engenheiro, inventor, agrimensor, geômetra, desenhista, mas também alguém capaz de "fazer muitas coisas com pouco dinheiro", de liderar equipes, negociar preços, debater e interagir tanto com proprietários de imóveis como com bispos.

Ao longo de sua vida, Viollet-le-Duc lutou contra o preconceito que se reservava à arte gótica, ainda muito comum entre seus contemporâneos. Sua morte repentina em 1879, enquanto trabalhava na restauração da catedral de Lausanne, na Suíça, inspirou discursos elogiosos ao homem que se tornara arquiteto sem ter mentor, que aprendera sozinho, e que sempre observara de perto as obras do passado. Muitos dos autores dessas homenagens faziam questão de dizer que ele tinha aberto um novo caminho, inaugurado uma nova era para os arquitetos. Seu legado incluiu seu *Dictionnaire* e seus muitos *Entretiens,* ou "conversas", e centenas de artigos científicos — isso sem falar, é claro, em seus trabalhos de restauração.

Logo, porém, sua obra e seu legado foram expostos ao ridículo. As críticas partiram antes de artistas e escritores como John Ruskin, Marcel Proust e Auguste Rodin, que nutriam um amor de outra ordem pela Idade Média. Poético e simbólico, o interesse desses artistas era, de certa forma, contrário à essência do trabalho e dos princípios racionalistas de Viollet-le-Duc. Em outras palavras, eles não falavam a mesma língua. Depois da Primeira Guerra Mundial, a classe artística passou a condenar a própria noção de que fosse possível restaurar a arte e a arquitetura do século XIII por meio de cópias ou a partir de moldes prontos. Aos olhos dessas pessoas, Viollet-le-Duc tornou-se nada mais do que um falsificador. É irônico, claro, que ele tenha sido considerado um adulterador neogótico, já que dos mestres construtores medievais ele havia emprestado apenas os métodos, e nunca os modelos. Para piorar a situação de seu legado na França, entre as décadas de 1930 e 1970 a arte gótica passou a ser menosprezada, e a arte românica considerada superior por sua simplicidade.

Foi na década de 1980 que Viollet-le-Duc recuperou seu status e prestígio entre historiadores da arte e arquitetos, graças a novas pesquisas sobre a arte e a arquitetura do século XIX e a uma importante exposição no Grand Palais, que mostrou ao público as muitas facetas da inteligência, da paixão, do conhecimento e do talento de Viollet-le-Duc. No quadro mais amplo da sociedade francesa, no entanto, seu nome continuou sendo vinculado a bobagens neomedievais. Pelo menos cinco gerações cresceram acreditando que o estilo falso gótico à la Viollet-le-Duc, também conhecido na França como estilo Henrique II, fosse mera cópia. Na verdade, até hoje o trabalho de Viollet-le-Duc continua confundido com o de artistas que faziam imitações de baixa qualidade durante a moda gótica do século XIX. E não é fácil desfazer um preconceito.

***

Depois do incêndio de 15 de abril, em meio à crise dos Gilets Jaunes, esse preconceito contra Viollet-le-Duc fomentou um debate nacional agressivo sobre a reconstrução do pináculo de Notre-Dame. A mídia francesa deu margem para mais um acontecimento que ameaçava dividir a população, colocando os antigos em oposição aos modernos, isto é, as pessoas que defendiam a reconstrução do pináculo conforme o desenho de Viollet-le-Duc contra aqueles que preferem que o pináculo ganhe um toque do século XXI. Para a tranquilidade dos nervos da nação, o debate esfriou à medida que arquitetos e construtores se concentravam em estabilizar a catedral.

Essa questão, no entanto, voltará à pauta depois que o arquiteto-chefe Philippe Villeneuve entregar sua avaliação diagnóstica ao presidente francês. "Vou propor soluções ao presidente, e vou apresentar os prós e os contras de cada uma, mas não sou eu quem vai decidir. Só posso dizer que Notre-Dame é única, não parece nenhuma outra catedral gótica."[133] E quanto ao (talvez temerário) prazo de cinco anos para a reconstrução, conforme Emmanuel Macron divulgou no dia seguinte ao incêndio? "Em cinco anos podemos reconstruir as abóbadas e o telhado, e reabrir a igreja para os fiéis e para o público. Mas não deve passar disso", ele alerta.

Ele não é a favor do que chama de *flèche signature*, ou seja, um pináculo que seja uma espécie de troféu para um arquiteto. Nos 850 anos da catedral, todos os arquitetos que construíram ou restauraram Notre-Dame serviram ao monumento, e não a si próprios. Os primeiros quatro arquitetos, ou seja, os "autores" da catedral, permanecem anônimos. Não sabemos quem eram, e é provável que se considerassem meros construtores.

O próprio Viollet-le-Duc conseguiu mesclar seu trabalho à arquitetura medieval original. Para Villeneuve, "o grande talento de Viollet-Le-Duc reside no fato de que sua obra quase se mesclava a dos construtores medievais. Seu pináculo era indistinguível; podia muito bem ser uma obra do século XIII". De fato, muitos historiadores da arte afirmam que Notre-Dame é tanto uma obra do século XIII quanto o resultado da reinvenção do século XIX. Mas, sem fazer alarde, Viollet-le--Duc também se valeu das mais recentes inovações técnicas e inspirou muitos de seus colegas mais jovens. Na verdade, a estátua da Liberdade foi concebida no telhado de Notre-Dame: Viollet-Le-Duc havia usado uma sofisticada estrutura metálica coberta de cobre forjado nas estátuas do pináculo, e Auguste Bartholdi a copiou para seu monumento em Nova York.

O arquiteto holandês Rem Koolhaas, professor de arquitetura e urbanismo na Harvard University's Graduate School of Design, tinha quatro anos quando seu avô o levou a Paris pela primeira vez, no ano de 1948. Eles foram de museus a cafés e de cafés a outros pontos turísticos parisienses: "Fiquei maravilhado. Quando chegamos a Notre-Dame, meu avô me mostrou e explicou cada parte da catedral, e o lugar se tornou familiar. Voltei à catedral todas as vezes que fui a Paris, e era ao mesmo tempo um hábito e um ritual".[134] Mais tarde, quando era adolescente, leu *Notre-Dame de Paris*, de Victor Hugo. "Entendi que Notre-Dame era um emblema, mas também uma provocação, uma afirmação de modernidade. Como algo tão antigo podia ser tão moderno?" O que ele achou da coqueluche de desenhos para o novo pináculo que veio à tona poucas horas depois do incêndio? Koolhaas achou difícil de entender. "Nenhuma intervenção contemporânea é necessária. É crucial, na verdade, manter o trabalho e o pensamento de Viollet-le-Duc, que são excepcionais. Mas estou otimista; acredito que a França vai tratar Notre-Dame com dignidade."

Acendamos velas.

8

1865
HAUSSMANN "ARRUMA" A ÎLE DE LA CITÉ

"Como um elefante no meio do deserto."
Pierre-Marie Auzas[135]

Ah, estar vivo em Paris durante o Segundo Império! Luís Napoleão não tinha a presença de espírito de seu tio, Napoleão Bonaparte, mas era sagaz à sua maneira, e sabia uma coisa ou outra sobre seus compatriotas. Curiosamente, para um homem que preferia Londres — cidade que conhecia muito melhor, e onde se exilara por boa parte de sua juventude —, Luís Napoleão interferiu em Paris mais do que qualquer outro governante desde a Idade Média. Depois de garantir seu poder por meio de um simulacro das instituições democráticas, de um sistema de censura que parecia tolerante (e dependia da autocensura) e do gasto de imensas quantias de dinheiro público, Luís Napoleão continuou deslumbrando os franceses, e em especial os parisienses, porque achava que essa era a melhor maneira de mantê-los sob suas rédeas. Durante seu governo, ele "modernizaria" o país e a sua capital sem poupar recursos, e amansaria o espírito da insurreição oferecendo empregos em massa.

Ele projetava uma imagem muito diferente da de Luís Filipe, "o rei cidadão" das décadas de 1830 e 1840, que fazia de tudo para evitar as extravagâncias da realeza e se colocar como um "rei do povo", ou um *"roi bourgeois"*, como os franceses o chamavam. Ele não abria mão de se vestir de maneira despojada, por exemplo, e era visto com trajes elegantes, mas bastante simples, caminhando pelos bulevares parisienses com uma comitiva mínima. Luís Napoleão foi na direção contrária: não havia nada que julgasse grandioso demais para si ou para a França — o conceito de *nouveau-riche* poderia muito bem ter sido inspirado nele. A sucessão era uma questão central para seu poder. Quando sua esposa Eugénia deu à luz um herdeiro homem em 1856, Notre-Dame foi, naturalmente, escolhida para a cerimônia de batismo. Era de suma importância, do ponto de vista político, que o pequeno Napoleão Eugênio, ou Loulou para seus pais, fosse consagrado e apresentado como o próximo regente natural. Imediatamente, um conjunto de quatro novos sinos, Angélique-Françoise, Antoinette-Charlotte, Hyacinthe-Jeanne e Denise-David, foi encomendado para o evento, e decidiu-se que a decoração criada por Eugène Viollet-le-Duc e Jean-Baptiste Lassus para o casamento de Luís Napoleão e Eugénia, três anos antes, convinha à ocasião imperial.

O padrinho de Loulou era o papa Pio IX, e sua madrinha era a rainha da Suécia, mas os dois foram representados, respectivamente, pelo cardeal vigário Constantino Patrizi e pela grã-duquesa de Baden. Um sinal, talvez, de que não levavam tão a sério essa nova dinastia francesa. Seguindo seu lema de viver com crédito, Luís Napoleão fez um empréstimo de 400 mil francos para financiar a celebração. Para o evento, o imperador deu ao cabido doze suntuosos conjuntos de alvas, túnicas, casulas e estolas de seda branca. Grande parte do clero marcou presença, com 85 arcebispos e bispos no coro da igreja, e outros 5 mil convidados compareceram ao batismo do bebê de nove meses.

***

Viollet-le-Duc já tinha se dedicado à restauração de Notre-Dame por dez anos quando o barão Haussmann foi escolhido por Luís Napoleão para redesenhar Paris. À exceção da catedral, que estava prestes a renascer com toda sua beleza gótica, Paris era um verdadeiro caos. Ou, como Rupert Christiansen descreve em *City of Light* [Cidade Luz], "a estrutura do lugar estava em franca decadência; seus oásis de esplendor, como o Louvre ou o Arco do Triunfo, ficavam no meio de uma selva malcheirosa de imundície, fedor e criminalidade, desfigurados pelas insalubres e tortuosas vielas lotadas de cortiços decrépitos e de gente miserável".[136]

Em apenas 65 anos sua população tinha mais que triplicado, indo de 547 mil habitantes, em 1801, para 1,8 milhão, em 1866. E isso a despeito de dois grandes surtos de cólera, em 1832 e 1849, que juntos tiraram a vida de mais de 20 mil pessoas. Ninguém discordava que o trânsito parisiense era um inferno, e o congestionamento diário atravancava a atividade econômica da capital. Havia também questões de saúde pública, esgotos entupidos, falta de iluminação urbana — todos problemas que pediam soluções urgentes. Houve tentativas de remapear a cidade na época de Luís XVI, durante a Revolução, no Primeiro Império e no governo de Luís Filipe. Napoleão havia construído a rue de Rivoli com sua arcada, conectando a place de la Concorde à place du Châtelet, e o conde de Rambuteau, o subprefeito do departamento do Sena, tinha construído novos esgotos e encanamentos em algumas partes da Margem Direita, mas esses tinham sido esforços limitados e isolados, soluções pontuais para problemas muito maiores e mais profundos.

Era hora de Paris ganhar um projeto radical e abrangente. O desenvolvimento das ferrovias, com suas estações no centro da capital, aumentou a demanda por rotas de comunicação mais claras. Os custos desse redesenho da capital, que implicava em um imenso projeto de demolição, expropriação e indenização, prometiam ser astronômicos. A princípio, a administração do município se mostrou hesitante: onde arranjariam esse dinheiro? Luís Napoleão interveio: os bancos emprestariam o dinheiro, e um processo de expropriação que ofereceria uma compensação financeira gorda sem brechas para que entrassem com recursos, foi aprovado pelos legisladores. Para supervisionar um projeto tão grande, Luís Napoleão precisava de um braço direito. Ele o encontrou em Bordeaux.

Georges-Eugène Haussmann, homem de origem protestante alsaciana, tinha feito um ótimo trabalho como prefeito de Bordeaux: era inteligente, eficiente, esforçado, disciplinado, organizado e não tinha nenhuma ambição política. Embora fosse violoncelista diletante e apaixonado por ópera, escolhera se formar em direito. Causava boa impressão: era alto, bonito e tinha ombros largos. Faltava-lhe carisma, no entanto. Era direto a ponto de ser grosseiro, e não tinha paciência para protocolos. Estava ali para resolver questões. Nomeado subprefeito do departamento do Sena, Haussmann assumiu o cargo imediatamente, em 29 de junho de 1853, e passou a seguir uma rígida rotina diária que começava às seis da manhã. Luís Napoleão lhe explicara o básico: "Vá abrindo artérias entupidas da cidade para que ela respire melhor".[137] Sempre que Luís Napoleão ia a Paris, os dois se encontravam diariamente.

Alguns historiadores apontam os ataques de asma que Haussmann enfrentou em sua juventude numa Paris imunda como a chave para compreender seu curioso interesse em abrir — outros diriam massacrar — a cidade com a precisão impassível de um cirurgião. Ele começou com a place du Carrousel (onde atualmente fica a Pirâmide do Louvre), que pululava de cortiços e estábulos caindo aos pedaços numa paisagem que ele sempre achara indecente. Depois chegou a hora da *grande croisée*, o grande cruzamento que tem Châtelet como epicentro. A Gare du Nord e a Gare de l'Est seriam conectadas por uma série de bulevares até o extremo sul de Paris. Já a rue de Rivoli seria estendida rumo ao leste até a Bastilha. Concluídas em 1859, as grandes vias norte-sul e leste-oeste, com suas calçadas lindas, largas e arborizadas, foram recebidas com alegria pelos parisienses. A população enfim podia respirar.

Na década de 1860, outros 26 quilômetros de bulevares foram criados no entorno das várias estações de trem, e as grandes praças, ou *places*, como aquela que circundava o Arco do Triunfo, foram redesenhadas com avenidas partiam delas de maneira simétrica. Na Margem Esquerda, o boulevard Saint-Germain foi ampliado para o leste, o que levou à demolição de esplêndidos *hôtels particuliers* (mansões particulares), um sacrifício em nome do pensamento racional e das linhas retas. A área ao redor do Panteão também passou por mudanças drásticas, mas foi a Île de la Cité que sofreu reinvenção mais complexa — e, por consequência, demolição.

Haussmann odiava a Île de la Cité. Sua aversão era digna dos piores pesadelos infantis. "Quando era um menino asmático e enfermiço que tinha pavor da poeira e do ar malcheiroso, ele fora obrigado a cruzar a Île para ir à escola todas as manhãs. Isso o traumatizou."[138] Exterminador da miséria e da sujeira, inimigo da umidade e do crime, Haussmann erradicaria quase todo o corpo e o espírito medievais da ilha, exceto por Notre-Dame, Sainte-Chapelle, a Conciergerie e partes da place Dauphine, construída no século XVI.

Duas novas pontes, pont Saint-Michel e pont au Change, proporcionaram mais pontos de travessia. O hospital Hôtel-Dieu e o orfanato das *enfants perdus*, situados bem no limite do flanco sul da ilha, foram demolidos para ser reconstruídos mais ao norte do pátio, na intenção de desobstruir o entorno da catedral: chega de barracos. Além disso, Haussmann queria que as pessoas que andavam pela Margem Esquerda vissem Notre-Dame do oeste, do sul e do leste. Essa vista custou vidas.

Dois novos edifícios imponentes e desinteressantes — a sede da polícia em frente a Notre-Dame e o Tribunal de Commerce, construído onde antes havia um teatro perto de Sainte-Chapelle — foram responsáveis pelo despejo de milhares de membros da classe trabalhadora. Antes da intervenção de Haussmann, cerca de 15 mil pessoas residiam na Île de la Cité. Quando ele concluiu seu redesenho, apenas 5 mil parisienses continuavam chamando a ilha de seu lar.[139] Haussmann tinha se vingado, e de fato as pessoas passaram a respirar melhor; mas em nenhum outro lugar de Paris ele havia sido tão inclemente. Será que ele chegou a se arrepender? Em 1970, foram traçadas linhas nos paralelepípedos mais claros do pátio para mostrar onde a rue Neuve outrora passara nos tempos medievais. Uma forma, talvez, de curar os ferimentos que marcam a memória da ilha.

No imaginário coletivo, Haussmann foi punido muitas vezes pelo que fez com Paris. Entretanto, também devemos a ele boa parte da nova, deslumbrante e saudável capital que nos deu, pelos grandes bulevares, pelas belas *places*, pelos parques de Buttes-Chaumont e Montsouris, pela Opera Garnier, pelas Halles Baltard e por um vasto sistema de esgoto que consiste em sessenta quilômetros de túneis iluminados a gás, e que todos os chefes de Estado estrangeiros pediram para visitar após a conclusão das obras.

Haussmann de fato devastou toda uma comunidade, mas eram pessoas que tiravam boa parte de seu sustento de pequenos crimes e prostituição, e dormiam em barracos infestados de doenças; ele não titubeou em demolir um passado medieval que a *Notre-Dame de Paris* de Victor Hugo tinha romantizado, como também limpou o que eram, na prática, ruelas fétidas. E se Notre-Dame se postou em solitária majestade no alto da Île de la Cité por 150 anos, à vista de todos, de oeste a sul e de sul a leste, foi graças ao Barão Haussmann.

Por séculos, Notre-Dame vivera uma relação simbiótica com os parisienses, envolta em confusão, abrigada no tumulto do cotidiano. De repente, ela ficou isolada e magnífica, voltada para uma imensa praça de 150 metros de largura e duzentos metros de comprimento, seis vezes maior do que era em sua versão medieval. O final do século XIX mudou por completo a maneira como a catedral interagia com seu ambiente e a maneira como as pessoas a viam.

O Barão Haussmann era ao mesmo tempo demolidor e diretor de cena. Ele exibia Notre-Dame, na opinião de seus críticos, "como um elefante no meio do deserto", para outros como a joia da coroa de Paris que todos podiam admirar e tomar para si. Agora, graças ao Barão Haussmann, qualquer pessoa que pousasse os olhos sobre Notre-Dame podia apreciá-la em sua plenitude. "Graças a Haussmann, Notre-Dame se tornou mais compreensível, mais visível; ela se tornou completa."[140]

9

1944
DE GAULLE E A LIBERAÇÃO

> "O Cântico de Maria se eleva.
> Será que algum dia o entoaram com mais fervor?
> Os tiros, no entanto, continuam do lado de dentro."[141]

Quando a guerra explodiu, em setembro de 1939, a Terceira República governava a França há 69 anos. Desde a Revolução Francesa o país presenciara oito regimes políticos diferentes, entre os quais a Terceira República se mostrara o mais longo e mais resiliente. Mas isso mudaria em breve. Restavam-lhe poucos meses de vida.

No entanto, a Terceira República deixou sua marca indelével no DNA da França em 1905, por meio da Lei da Separação da Igreja e do Estado. Essa lei, que chegou a separar famílias, teve um impacto profundo na sociedade francesa. Na segunda metade do século XIX, um forte sentimento anticlerical tornou-se a marca registrada do republicanismo. A lei de 1905 prenunciou uma nova onda de livre pensamento e emancipação da tutela da Igreja em todos os aspectos da vida francesa; proporcionando uma sensação inebriante de liberdade de consciência para a maioria dos cidadãos franceses. Porém, até quando o clero se tornou motivo de chacota e um dos alvos favoritos da sátira francesa, conhecida por sua crueldade, a catedral de Notre-Dame, embora fosse um local de culto, permaneceu a salvo das críticas e do conflito. "A república finge ignorar esse grande corpo que admira e teme. Na verdade, o país busca Notre-Dame como um refúgio nos momentos de desespero, quando tenta pedir ajuda a um Deus que adora ignorar, mas do qual necessita."[142]

Enquanto sacos de areia eram colocados como medida de proteção em cada portal e porta de Notre-Dame, nas baias do coro e ao redor das estátuas mais valiosas do interior da nave, assim como acontecera na Primeira Guerra Mundial, o cardeal Emmanuel Suhard tornou-se arcebispo de Paris. Ele, como outros parisienses, assistiria impotente à chegada dos alemães à cidade, em 14 de junho de 1940, depois de uma *blitzkrieg* em que as forças armadas alemãs, a Wehrmacht, invadiram o norte da França em poucas semanas, sem que nem as forças britânicas nem as francesas fossem capazes de impedir. O primeiro-ministro francês, Paul Reynaud, declarou Paris uma cidade aberta em 11 de junho, quando ele e o governo se preparavam para fugir para Tours e depois para Bordeaux. Antes de partir, Reynaud nomeou o embaixador estadunidense, William Christian Bullitt, governador de Paris.

A comunidade estadunidense em Paris, a maior da Europa continental,[143] vinha nutrindo uma relação especial com a cidade desde a Revolução Francesa, quando a Assembleia Nacional instituíra três dias de luto nacional em homenagem à morte de Benjamin Franklin, um dos chamados pais fundadores dos Estados Unidos. Deve ter parecido natural que o embaixador estadunidense, o último diplomata a permanecer na Paris sitiada, representasse seus interesses. Bullitt, então com 49 anos, ex-correspondente jornalístico na Europa, embaixador estadunidense na União Soviética entre 1933 e 1936, um cidadão do mundo que tinha queda por lindas mulheres, era apaixonado pela Europa. E também era trilíngue, graças à sua mãe, Louisa Horwitz, mulher de origem alemã e judaica que sabia que idiomas eram verdadeiras dádivas.

Logo antes de partir, em 12 de junho, sem saber se os alemães obedeceriam às convenções internacionais de guerra pelas quais cidades abertas deveriam ser protegidas de bombardeios, Reynaud implorou a seu amigo Bullitt que convencesse a Wehrmacht a não destruir Paris. Depois de se despedir de Reynaud, Bullitt pediu que o levassem à catedral de Notre-Dame. Lá, ele participou de um grupo de oração liderado pelo cardeal Suhard. "Ajoelhado no banco da frente, ele foi visto chorando pela cidade e pelo país que amava."[144] Será que ele pedia forças ou rezava por um milagre?

Com o ânimo renovado, Bullitt enviou seus adidos militares e navais ao encontro do comandante-geral alemão. A princípio tinham acordado que as forças alemãs entrariam pacificamente na cidade; no entanto, o fato de *résistants* franceses terem atirado em oficiais nazistas perto da Porte Saint-Denis revoltou o comandante do 18º Exército alemão, general Georg von Küchler, fazendo com que ele ordenasse um grande ataque aéreo e de artilharia contra Paris às oito horas da manhã seguinte. Bullitt tinha apenas algumas horas para salvar Paris da destruição nazista, a mesma destruição que Varsóvia e Rotterdam haviam sofrido pouco antes. Seu alemão e francês fluentes se mostraram vitais: ele enviou dois oficiais franceses para se encontrarem com seus colegas alemães na cidade de Écouen, dezoito quilômetros ao norte de Paris, para acertar os detalhes da cessão. Küchler cedeu e assinou os documentos relevantes, cancelando o bombardeio de Paris. Um estadunidense havia salvado a Cidade Luz.

Então os invasores alemães transformaram Paris em pedra. "Não existe um mito grego sobre um homem que tentou violentar uma deusa, mas ela virou pedra quando ele encostou nela? Foi isso o que aconteceu com Paris. Quando os alemães chegaram, o espírito dela saiu; e só ficou a pedra",[145] escreveu em seu diário o diplomata estadunidense George F. Kennan, então com 36 anos, no dia 3 de julho de 1940.

Durante quatro anos, Paris pareceu ter caído num sono profundo; mas, para aqueles que sabiam ouvir, seu coração continuava batendo. Em Notre-Dame, os serviços religiosos e as cerimônias continuaram a ser realizados. Em 18 de maio de 1941, uma vela votiva do rosário perpétuo foi posicionada aos pés da estátua de *Notre-Dame de Paris,* que data do século XIV. Ela queimaria noite e dia até a liberação. Quase exatamente três anos depois, em 21 de maio de 1944, enquanto os preparativos para os desembarques do Dia D estavam em andamento, houve orações públicas pela alma da França em Notre-Dame: 25 mil parisienses se reuniram no pátio, porque a catedral estava muito cheia. O cardeal Suhard conduziu a cerimônia: "Nossa Senhora de Paris, rainha da França e rainha da Paz, ouça-nos! Ouça nossas orações!".[146]

No entanto, algumas semanas depois, em 2 de julho, o cardeal Suhard tomou uma decisão imprudente quando concordou em celebrar a missa fúnebre do ferrenho colaboracionista Philippe Henriot, executado por um comando de *résistants* quatro dias antes. Representantes do Estado fantoche do marechal Pétain em Vichy, inclusive o primeiro-ministro Pierre Laval, compareceram em massa ao lado de oficiais alemães no que viria a ser a última manifestação ignominiosa da França de Vichy. Embora muitos padres tivessem se aliado à Resistência, o cardeal Suhard era mais conhecido por ficar em cima do muro quando se tratava de política. Quando, em agosto de 1944, o espírito da insurreição começou a se espalhar por Paris, a Resistência pediu que o cardeal saísse de cena: ele não corria risco de vida, mas devia saber que sua presença era indesejada.

Em 16 de agosto a insurreição começou. A Rádio Paris, notória estação pró-Alemanha, interrompeu suas transmissões de maneira repentina, e seus líderes desapareceram da noite para o dia. O contra-ataque tinha começado, mas aqueles eram tempos perigosos. A Resistência, enérgica, mas mal equipada, não tinha o poderio militar necessário para destruir as forças alemãs que se encontravam na capital, e principalmente não tinha seus tanques. Se atacasse antes da hora, corria o risco de condenar Paris à destruição e seus cidadãos à morte.

As diferentes facções da Resistência estavam preocupadas com o tempo que a 2ª Divisão Blindada francesa, conhecida como 2ª DB e comandada pelo general Philippe Leclerc, sob as ordens do general De Gaulle, levaria para chegar a Paris. Além disso, como todas as forças da França Livre que participaram dos desembarques da Normandia, a 2º DB estava, em última análise, sob o alto comando estadunidense, o que complicava ainda mais a situação. Apesar da insistência do general De

Gaulle, o general Dwight Eisenhower estava indeciso sobre a ideia de dividir as tropas para libertar Paris: o destino da capital francesa de fato tinha grande importância simbólica, mas não era uma prioridade militar. No entanto, os *résistants* parisienses, tanto gaullistas como comunistas, a maioria na casa dos vinte anos, estavam espumando de ansiedade.

A ordem de mobilização foi dada em 18 de agosto. Cartazes da Resistência tinham sido colados nos muros da capital francesa na noite anterior. Era um chamado para que ex-oficiais e cadetes e "todos os homens e as mulheres aptos se juntassem à luta" da Resistência e "atacassem os alemães e os traidores de Vichy onde quer que os encontrassem".[147] A insurreição começou no amanhecer, em 19 de agosto. Em frente a Notre-Dame, 2 mil policiais franceses armados se trancaram na sede da polícia e começaram a atirar nos soldados e tanques alemães. Isso serviu como sinal para que se construíssem barricadas em todas as rotas de acesso estratégicas, com o objetivo de dificultar a mobilidade dos tanques alemães. A FFI, *résistants* das Forces Françaises Intérieures, começou a ocupar prédios importantes, como edifícios do governo, ministérios, gráficas e sedes de jornais.

Naquele dia, o general Leclerc decidiu, em concordância com o general De Gaulle, mas sem consentimento estadunidense, enviar um pequeno grupo avançado a Paris. Em 21 de agosto, os panfletos da Resistência, impressos durante a noite, estimulavam os parisienses a "manterem o cerco e continuarem atacando o inimigo de todas as maneiras possíveis". Albert Camus, editor do *Combat*, encontrara as palavras certas: "O que é uma insurreição? É o armamento do povo. Que povo é esse? São os membros de um país que jamais se renderão."[148] Em 22 de agosto, Eisenhower e o general Omar Bradley, o chefe de campo estadunidense, finalmente ordenaram que a 4ª Divisão de Infantaria ajudasse Leclerc a libertar Paris. A Resistência Francesa agora tomava metade de Paris, mas a munição começava a minguar, e os parisienses estavam prestes a ficar sem alimento.

Conforme Eisenhower e De Gaulle tinham combinado, a 2ª DB de Leclerc entraria em Paris antes. Uma pequena vanguarda chegou à praça do Hôtel de Ville às 21h20 do dia 24 de agosto. Ordenou-se que Notre-Dame tocasse seus sinos. Às 23h22 o grande sino, o mais grave da catedral, Emmanuel, então com 258 anos, soou um fá sustenido em volume tão alto que foi possível ouvi-lo até a oito quilômetros dali. Os radialistas da recém-fundada Radiodiffusion de la Nation Française tinham acabado de convidar os padres a fazer o mesmo, e os sinos das igrejas da cidade acompanharam a voz retumbante do maior sino de Notre-Dame.

"Os sons incrivelmente solenes que emanavam de Notre-Dame nos atordoaram. Junto dos sinos elevou-se uma voz mais profunda que parecia dizer: 'Reflita, preste suas homenagens, o momento é esplêndido, mas também é terrível'",[149] recordou o escritor gaullista e *résistant* Yves Cazaux, então com 35 anos, em seu diário.

Em 25 de agosto, quando o sol nasceu sobre a avenue D'Orléans,[150] que conecta o portão mais ao sul de Paris à Margem Esquerda em uma linha reta que vai de norte a sul, tremores despertaram os parisienses: os prédios balançavam à medida que os tanques da 2ª Divisão Blindada passavam troando pelas ruas. Dentro de suas casas, parisienses de todas as idades pulavam de alegria, e logo foram às ruas para saudar seus libertadores. "Todos sentimos que nosso coração batia como um só. Não havia civis, não havia soldados, havia um só povo livre",[151] escreveu o filósofo Jean-Paul Sartre, aos 39 anos, em meio à multidão.

"Durante quatro anos, Paris fora o remorso do mundo livre. De repente, tornou-se seu ímã",[152] escreveu Charles de Gaulle sobre aqueles momentos. O líder dos Franceses Livres sabia que "Paris decidiria a questão do poder da França" — isto é, se os aliados estadunidenses não interferissem. De Gaulle, que tinha sido recebido como herói nas várias cidades da Bretanha e da Normandia por onde passou desde os desembarques do Dia D, sabia que, ao contrário dos britânicos, a administração estadunidense ainda estava em contato com Vichy e outros supostos representantes franceses. Washington, insegura com relação à Resistência do Partido Comunista Francês, ainda não estava disposta a dar autonomia total a De Gaulle.

Mas ele sabia o que fazer, e sabia que precisava chegar a Paris o mais rápido possível. "O que preciso fazer lá: reunir as pessoas em uma comoção nacional, mas também mostrar e comprovar imediatamente a imagem e a autoridade do Estado."[153]

***

No carro que o levou a Paris, em 25 de agosto, De Gaulle se sentiu "ao mesmo tempo comovido e sereno".[154] Pouco depois das quatro da tarde, chegou à estação ferroviária de Montparnasse, onde o general Leclerc lhe ofereceu o termo de rendição assinado pelo general Dietrich von Choltitz, representante de Hitler em Paris, com a tinta ainda fresca. Todos esperavam que De Gaulle partisse direto para o Hôtel de Ville. Em vez disso, ele decidiu ir para o Ministério da Guerra na rue Saint Dominique, número 14, perto do Les Invalides, onde fica o túmulo de Napoleão. O Ministério da Guerra, centro do novo comando e governo da França, era onde ele deveria estar naquele momento.

A última vez que ele pisou nesse *hôtel particulier* do início do século XVIII, em que um dia residiu a mãe de Napoleão, foi na noite de 10 de junho de 1940, com Paul Reynaud. "Nenhum móvel, nenhuma cortina, nenhum tapete foi removido. Na mesa do ministro, o telefone continua no mesmo lugar. Eu soube que isso acontece em todos os ministérios. Nada mudou, nada está faltando, a não ser o Estado. Eu vou trazê-lo de volta."[155]

Ele precisava lidar com duas prioridades urgentes: a ordem pública e o estoque de alimentos. Às sete da noite, ele foi à sede da polícia para inspecionar as tropas policiais. De lá, ele andou com seus assessores por entre uma multidão exultante e atravessou o pátio de Notre-Dame, e pela rue d'Arcole e a pont d'Arcole chegou ao Hôtel de Ville, onde o Conselho Nacional da Resistência o aguardava. Pressionado a se dirigir à multidão, ele improvisou um discurso, que foi transmitido ao vivo por radialistas:

> Por que deveríamos esconder a emoção avassaladora que cada um de nós sente aqui, em casa, em uma Paris que se libertou? Não! Não vamos reprimir esse sentimento profundo e sagrado. Há minutos que vão além das nossas pobres vidas. Paris! Uma Paris indignada! Uma Paris rompida! Uma

> Paris martirizada! Mas uma Paris libertada! Como o inimigo que detinha Paris se rendeu, a França retorna a Paris, à sua casa. Retorna manchada de sangue, mas decidida. Retorna após ter aprendido grandes lições, mas sabendo mais do que nunca quais são seus deveres e seus direitos.[156]

Muitos líderes da Resistência pediram-lhe que proclamasse a República diante da multidão, mas ele respondeu: "A República nunca deixou de existir. A França Livre, a França combativa, tornou-se a encarnação da República. A França de Vichy sempre foi e continua sendo nula e oca. Eu mesmo sou o presidente do governo da República. Por que eu a proclamaria?".[157]

Voltando com atraso ao Ministério da Guerra, De Gaulle foi informado dos números de mortes e prisioneiros daquele dia: 14,8 mil alemães feitos prisioneiros, 3,2 mil soldados alemães mortos, seiscentos soldados franceses e 28 oficiais da 2ª DB mortos. Esses números teriam que ser somados aos 2,5 mil *résistants* franceses que tinham morrido desde o início da insurreição, uma semana antes, e às mil vítimas civis.[158]

O general De Gaulle sabia que só cabia ao povo coroar alguém. Ele tinha planejado se expor e ganhar a confiança da população no dia seguinte, na tarde de 26 de agosto. Ele andaria do Arco do Triunfo até Notre-Dame, onde compareceria a um Te Deum de vitória. A Radiodiffusion de la Nation Française vinha transmitindo a notícia pelo rádio e, apesar da falta de transporte público e privado, as notícias matinais sugeriam que muitos habitantes do entorno, da área conhecida como Île de France, tinham começado a se dirigir a Paris a pé para comparecer ao evento.

***

A 2ª DB enfileirou seus tanques no Arco do Triunfo, na place de la Concorde e no pátio de Notre-Dame. Todos estavam cientes dos riscos. A Luftwaffe ainda contava com muitos aviões na região norte de Paris e franco-atiradores fanáticos que continuavam escondidos na capital. Às três da tarde, De Gaulle, rodeado de membros da Resistência Francesa com armas no quadril, militares uniformizados e até um meirinho com uma corrente de ouro no pescoço, símbolo do ritual republicano, reacendeu a chama diante do túmulo do soldado desconhecido pela primeira vez desde junho de 1940. "É como se um sonho enfim se realizasse",[159] ele mais tarde escreveria em suas memórias.

Então, ele foi em direção à Champs-Élysées. "Ah! Então esse é o mar! Uma multidão imensa, talvez 2 milhões de pessoas. Os telhados e as janelas estão cheios de gente, as pessoas subiram nos postes, nos mastros, em cada escada que havia. Até onde os olhos alcançam, há uma onda humana, sob o sol, sob o *tricolore*."[160] De Gaulle caminhou pela Champs-Élysées, calmo, de cabeça erguida. Ele sabia que o povo estava lá para recebê-lo. Ele era o símbolo da esperança do povo. Ele sabia que devia parecer fraternal, acessível, a imagem da unidade nacional. "Muitos dos meus companheiros temem ataques do inimigo, mas hoje eu acredito na sorte da França."[161]

De Gaulle andou por entre a multidão radiante que gritava seu nome. "Neste instante, algo está acontecendo, um daqueles milagres da consciência nacional, um daqueles gestos que às vezes, ao longo dos séculos, chegam para iluminar nossa história. Nessa comunidade que não é senão um só pensamento, um só élan, um só canto, as diferenças desapareceram, os indivíduos desapareceram."[162] De Gaulle não só se dirigiu à multidão com gestos amistosos, como também saudou as estátuas de figuras históricas que havia em seu caminho, como a de Georges Clémenceau, ex-primeiro-ministro da França durante a Primeira Guerra Mundial, e a de Joana d'Arc. Ele olhou em volta, com uma profunda consciência de ter andando pela multidão como se atravessasse a história da França, da Champs-Élysées à place de la Concorde, onde as cabeças de Luís XVI e Maria Antonieta tinham caído, pelas Tulherias e o Louvre, pensando em Napoleão Bonaparte, até o Hôtel de Ville e a memória da Comuna. "A história, concentrada nessas pedras, nessas ruas, parece sorrir hoje. E também nos faz um alerta."[163]

Em frente ao Hôtel de Ville, sob os olhares dos operadores de câmeras estadunidenses e britânicos, De Gaulle inspecionou as tropas. Imagens são importantes. Ele sabia que Washington prestaria muita atenção aos noticiários.

O Te Deum em Notre-Dame, o auge daquele dia, foi marcado para as cinco da tarde, mas De Gaulle chegou cedo. A catedral estivera lotada por horas, e muitos parisienses que chegaram tarde e não conseguiram entrar decidiram esperar o general no pátio ou na pont d'Arcole e na rue d'Arcole, que conectavam o Hôtel de Ville, na Margem Direita, à Île de la Cité.

Na pont d'Arcole estava Marguerite-Marie Peresson, de oito anos, que viera com sua mãe e seu pai, que era cego e "que fazia questão de estar presente".[164] Quando viu De Gaulle passando, ela exclamou: "Nossa, como ele é bonito!". Doze anos depois, aos vinte anos, ela ficaria ruborizada ao se lembrar da cena. Ainda emocionada por ter visto *le grand homme*, a menina então ouviu tiros sendo disparados em rápida sucessão.

Todos deitaram na calçada e a mãe de Marguerite-Marie pediu que ela orasse. A cada vez que ela olhava para cima, sua mãe empurrava sua cabeça em direção ao chão, pedindo que ela continuasse rezando. "Eu nunca rezei tantas Ave Marias na minha vida!", Marguerite-Marie lembrou mais tarde.

Em frente à catedral, no pátio, em pé ao lado de sua esposa e filho, Georges Delarue, veterano da Primeira Guerra Mundial, tinha visto homens na galeria superior da torre norte da catedral e se perguntava quem eram eles no momento em que ouviu a multidão aplaudindo De Gaulle, que vinha andando pela rue d'Arcole. Instantes depois, ele ouviu dois tiros, seguidos por uma saraivada em resposta da 2ª DB, que estava no pátio. "Tinham tentado assassinar De Gaulle, disso não havia dúvida."[165] Agachados atrás das bicicletas, Georges Delarue e sua família foram recuando aos poucos pela Petit Pont, em direção à Margem Esquerda, e conseguiram se abrigar em uma farmácia na rue Saint-Jacques, aonde logo levaram uma senhora ensanguentada.

Mademoiselle Vésinet estava sentada perto das primeiras fileiras de Notre-Dame desde as 13h45. "Eu não perderia aquilo de jeito nenhum." Ela havia decidido se sentar na nave, na frente, na primeira cadeira ao lado do corredor para ver De Gaulle bem de perto. Logo depois das 16h, ela e a multidão que se reunia na catedral ouviram um alvoroço do lado de fora do portal central, tiros foram disparados e o general apareceu. "Ele andou pela nave em direção ao altar. Ele parecia tão tranquilo, mas todo mundo permaneceu agachado com medo do tiroteio." A essa altura havia alguém atirando de dentro da catedral, da galeria superior, perto do Grande Órgão. "Quando vimos como ele estava imperturbável, alheio à comoção, demos um jeito de voltar à nossa posição nos bancos, mas os tiros continuavam. Foi uma cena absolutamente surreal." O cardeal Suhard, cujo paradeiro ninguém sabia, tinha se afastado de seus cônegos para cumprimentar De Gaulle. Eles lhe mostraram a cadeira presidencial carmesim, onde ele se sentou, próximo ao altar.

O radialista e jornalista Raymond Marcillac, então com 27 anos, estava em seu primeiro dia de trabalho e ia apresentar sua primeira transmissão ao vivo. Chegara cedo com seu equipamento grandalhão, como era de se esperar, e encontrou um lugar na galeria superior que oferecia uma visão panorâmica da nave, da área mais próxima ao coro, e uma boa visão das pessoas reunidas lá embaixo. Ele começou sua transmissão no momento em que os tiros foram disparados. Eis a transcrição de um trecho de sua reportagem ao vivo, feita com uma voz ora ofegante, ora assustada, ora entrecortada.[166] Marcillac falava deitado no chão da galeria superior, perto dos atiradores:

> [*Sons de tiroteio ao fundo*] Acredito que os corajosos soldados do general Leclerc vão conseguir pegar esses covardes que estão atirando contra a multidão. O general De Gaulle acaba de entrar na igreja [*sons de tiros e aplausos*]. O general está mudando as cadeiras de lugar. Parece um milagre, mas ele sobreviveu ao ataque. O general, muito calmo apesar do tumulto e dos tiros, avança em direção ao coro. O sacristão lhe indica a cadeira presidencial, e eu posso dizer [*sons de tiros*], e vou dizer [*sons de tiros*], aqui, diante de nós, está o presidente da República. Ele parece totalmente indiferente à chuva de balas, ele é magnífico

> [*sons de tiros*]. As pessoas estão se protegendo debaixo das cadeiras, estão agachadas. Os cônegos chegaram apesar do tumulto e da comoção [*sons de tiros*]. O general parece alheio; sua compostura é impressionante. As pessoas estão voltando a se levantar, voltando a seus lugares, parabenizando o general. Agora as portas estão sendo fechadas. Ao que tudo indica, os homens do general Leclerc conseguiram restaurar a ordem.

O som do "Cântico de Maria" começou a se elevar enquanto ainda se ouviam tiros esporádicos dentro e fora da catedral. Raymond Marcillac confirmou ao vivo pelo rádio: "Enquanto as pessoas entoam o 'Cântico de Maria', vejo que os homens do general Leclerc entram na catedral para encontrar os atiradores que ainda estão na catedral [*pessoas cantam ao fundo*]. É um momento sem igual. Vocês não imaginam como todos aqui estão comovidos, tentando não demonstrar medo, e sim carinho pelo novo líder da França".

O general De Gaulle podia até parecer calmo e confiante, mas sabia que precisaria encerrar a cerimônia, por mais magnífica que parecesse: a situação colocava em risco as pessoas que tinham ido vê-lo. É assim que ele se lembra daqueles momentos:

> Assim que chego em frente a Notre-Dame, tiros são disparados. Não posso me deixar influenciar pelo nervosismo. Então eu entro na catedral, onde também há tiros. Vou em direção ao coro, as pessoas celebram, apesar de estarem agachadas. Sento-me. Há padres e cônegos nas baias. "O Cântico de Maria" se eleva. Será que algum dia o cantaram

> com mais fervor? Mas continuam atirando dentro da catedral. Os projéteis atingem as abóbadas e pedaços de alvenaria caem na cabeça das pessoas. Preciso encerrar a cerimônia depois do cântico.[167]

De Gaulle se levantou, as pessoas o aplaudiram quando ele passou; algumas lhe beijaram a mão. Ao sair da catedral, ele trocou algumas palavras com Leclerc e foi conduzido à sua nova casa, na rue Saint-Dominique. Mais tarde, naquele dia, a Luftwaffe bombardeou partes de Paris, destruindo quinhentas casas e matando ou ferindo mil civis.[168] De Gaulle escreveu: "Esta noite, depois de tanto tumulto, tudo se aquieta ao meu redor. É hora de reconhecer a conquista que acaba de se concretizar, e de enfrentar o que está por vir. Hoje, a união prevaleceu".[169]

10

2013
OS SINOS DE NOTRE-DAME

Esta sonora ilha

Os parisienses souberam da notícia enquanto liam o *Le Parisien*[170] durante o café da manhã do Domingo de Ramos, no dia 24 de março de 2013. Naquele mesmo dia, às seis da tarde, os novíssimos sinos de Notre-Dame tocariam juntos pela primeira vez com o velho grande sino Emmanuel, que pendia da torre sul desde 1686. Era um acontecimento histórico e musical que todos queriam presenciar.

Famílias, além de quase 1 milhão de turistas, tinham visto os sinos de perto em fevereiro. Os sinos, cada um com cerca de dois metros de diâmetro, foram exibidos na nave de Notre-Dame para que todos os admirassem. Afinal, eles logo seriam levados para a torre norte e a torre sul e ficariam no mesmo lugar pelos próximos trezentos anos, no mínimo — era melhor aproveitar a oportunidade.

Até as militantes feministas do Femen tinham se interessado pelos nove sinos brilhantes. Na tarde de 12 de fevereiro, oito jovens mulheres de casaco preto conseguiram entrar na catedral sem a multidão perceber. Quando estavam perto o suficiente, elas pularam, de repente, para dentro do perímetro de segurança, tiraram o casaco e ficaram nuas, a não ser pelos *culottes* de cetim preto. Depois, começaram a bater nos sinos com varetas enquanto gritavam "Fora, papa!". Mais tarde, declararam no tribunal que a intenção era comemorar a recente e inesperada aposentadoria do papa Bento XVI. A equipe de segurança da catedral tentou cobrir as mulheres antes de conduzi-las para fora; uma delas infelizmente quebrou um dente em meio à confusão.

***

Os nove sinos chegaram à Île de la Cité no dia 31 de janeiro por *convoi exceptionnel*. Enfileirados em silêncio e habilmente rebocados por um caminhão guindaste de carroceria dupla, os sinos de bronze resplandecentes saíram da fundição em Villedieu-les-Poêles, na Normandia, ao amanhecer, viajando por quatro horas na rodovia para chegar à capital francesa. Durante a viagem, os motoristas franceses buzinaram para comemorar a chegada dos sinos. Da principal entrada a oeste de Paris, na Porte Maillot, o monsenhor Patrick Jacquin, reitor da catedral, empoleirado em um ônibus de dois andares com teto aberto, e um esquadrão policial em motocicletas os escoltaram até o destino final. Os sinos seguiram lentamente pela Champs-Élysées, passando pelo Louvre a caminho de Notre-Dame, recebendo os aplausos das multidões sorridentes.

Entusiastas de sinos, campanólogos e músicos de todos os tipos esperavam por esse momento havia muito tempo. E pensar que os sinos da catedral estavam desafinados desde

1769! E ainda pior: desde 1856, quatro deles haviam sido trocados por substitutos malfeitos, o que ajudava a ferir os ouvidos mais sensíveis todas as vezes que soavam. Poucos parisienses sabiam disso ou chegaram a perceber alguma mudança. Afinal, como poderiam comparar o som que ouviam ao timbre perfeito da Notre-Dame de 1769? Todos tinham se acostumado à sua voz dissonante, como se fosse um parente mais velho que tem voz de taquara rachada, mas que amamos mesmo assim.

A Revolução Francesa tinha sido especialmente cruel com os sinos, que no início eram vinte, distribuídos entre as duas torres e o pináculo. A posição tridimensional, que formavam um triângulo isósceles, e as diferentes alturas, escolhidas de acordo com o peso e a sonoridade de cada um, conferiam-lhes uma profundidade de timbre impressionante. Em 1792, no entanto, Notre-Dame começou a ficar rouca. Dezesseis sinos foram removidos para serem derretidos e transformados em canhões e moedas para a jovem república. Apenas Emmanuel foi poupado, junto de três sinos na torre norte.[171] Já o pináculo com pequenos sinos acabou sendo retirado porque corria risco de cair. A magnífica restauração de Eugène Viollet-le-Duc, que ocorreu entre 1844 e 1865, deu a Notre-Dame um novo pináculo, gárgulas encantadoras, a galeria dos reis de Judá na fachada e inúmeros outros ornamentos neomedievais maravilhosos, mas, curiosamente, os sinos não foram restaurados e nunca voltaram a ser como eram no período pré-revolucionário. Isso levaria mais 160 anos para acontecer.

Para seu 850º aniversário, decidiu-se que a catedral de Notre-Dame compraria um presente para si mesma e, pela primeira vez, não pediria um centavo ao governo. Foram arrecadados 2 milhões de euros em um fundo particular para pagar por um novo conjunto de nove sinos que seriam feitos pelas melhores fundições da Europa.[172] A fundição Cornille-Havard, em Villedieu-les-Poêles, foi a escolhida para produzir oito sinos, enquanto a fundição Real Eijsbouts, da Holanda, com sede em Asten, foi escolhida para criar Marie, o "pequeno" sino de seis toneladas.[173]

Em Villedieu-les-Poêles, Stéphane Mouton, um dos últimos fundidores de sinos da França, supervisionou a operação. Após o derretimento de 8,5 toneladas de uma liga de bronze (80% de cobre e 20% de estanho), num processo que durou cerca de nove horas, uma bênção solene precedeu a fundição dos três primeiros sinos. Quando os sacerdotes foram embora, Stéphane e sua equipe de doze pessoas arrumaram seus equipamentos — luvas grossas, macacões e capacetes com grandes protetores faciais. Eles estavam prontos, esperando o sinal do chefe. "Vamos!", gritou Stéphane enquanto abria uma portinhola no forno da fundição. Em apenas alguns minutos, o metal derretido escorreu para dentro dos moldes. Era importante que os movimentos fossem precisos e ágeis, e que o gás que vazasse fosse aceso imediatamente para evitar uma explosão, além de que os moldes fossem selados assim que o metal se assentasse e parasse de se mexer. Foram momentos de tensão. "Sai daí, Daniel. Seu pé! Sai daí!", gritou Stéphane, preocupado com seu colega que estava do outro lado da sala, muito perto do metal derretido. Quando anunciaram que o processo estava concluído, todos bateram palmas. "É sempre especial", disse Stéphane, tão emocionado que quase não conseguia falar. "Por quê? Porque é sempre diferente, porque um momento de magia e solenidade ao mesmo tempo, e porque os sinos são para Notre-Dame. Se eu já estou emocionado aqui, fazendo esses sinos na fundição, imagina o que as pessoas vão sentir quando ouvirem os sinos tocarem em Paris pela primeira vez?"[174]

A escultora de sinos, Virginie Bassetti, assinou a ornamentação deles e usou giz para elaborar os primeiros esboços das coroas e cinturas dos sinos no molde de argila. Virginie imaginou chamas oscilantes, o fogo da fé e da paixão, envolvendo-os. A ideia era que o lema de Santo Agostinho *"Via viatores quaerit"* (Eu sou o caminho que busca viajantes) aparecesse nas coroas. Ela também desenhou algumas cruzes e a Virgem Maria com seu filho debaixo do nome de cada sino.

Os nomes dos sinos foram escolhidos com muito cuidado. Gabriel é o nome do arcanjo que pressagiou o nascimento de Jesus e o anunciou a sua mãe, a Virgem Maria; Anne-Geneviève recebeu o nome tanto da mãe da Virgem como da santa padroeira de Paris; Denis foi o nome do primeiro bispo de Paris, no século III; Marcel em homenagem a São Marcel, nono bispo de Paris no século IV; Étienne, por conta do primeiro mártir e da antiga catedral que ocupava o lugar de Notre-Dame; Benoît-Joseph é uma homenagem ao papa Bento XVI, Joseph Ratzinger; Maurice, ao bispo Maurice de Sully, que concebeu e financiou a construção da Notre-Dame; e Jean-Marie ganhou o nome do amado cardeal Jean-Marie Lustiger, arcebispo de Paris entre 1981 e 2005 e judeu convertido. Juntos, os oito sinos pesam 16,6 toneladas. Marie ganhou o nome do primeiro grande sino de Notre-Dame, fundido em 1378. Marie se juntaria a Emmanuel, cujo nome foi escolhido por ninguém menos que o rei Luís XIV, na torre sul.

Depois que os fundidores removeram os moldes, arearam e limparam cada um, os sinos enfim se revelaram em suas vestes prateadas e brilhantes. Era hora de analisar seu espectro sonoro; cada sino tem voz única, e é afinado para alcançar uma nota específica. Paul Bergamo, da fundição, registrou-as para a posteridade: sol sustenido para Marie e Maurice, lá sustenido para Gabriel e Jean-Marie, Anne-Geneviève com seu si, dó sustenido para Denis, ré sustenido para Marcel, fá sustenido para Benoît-Joseph e Étienne com seu fá — todos afinados entre si e com o mais velho, o grande sino Emmanuel, que os esperava ansiosamente.

Se Emmanuel só canta em ocasiões especiais, como na meia-noite do Natal, e em eventos nacionais excepcionais, os outros nove sinos têm trabalho constante nos cinco serviços religiosos diários (sete aos domingos), isso sem contar o anúncio das horas.

***

No Domingo de Ramos de 2013, às 17h30, o pátio já estava lotado de pessoas que tinham ido ouvir a nova voz da catedral: havia muitas famílias, e também muitos turistas. Na Margem Esquerda, os parisienses comentavam sobre o melhor lugar para ouvir os sinos, levantando os dedos para sentir a direção do vento. O pequeno jardim de Saint-Julien-le-Pauvre, no quai de Montebello, estava abarrotado de gente. Os espectadores logo se aglomeraram nas pontes, e os que não conseguiam lugar se espalhavam pelas ruas. A vantagem de ficar no pátio era a de que havia telões imensos que transmitiam imagens de dentro das torres, com direito a *close-ups* dos novos sinos.

E então começou. Às 18h06, depois de algumas palavras do monsenhor Jacquin, o cabeçote do primeiro par de sinos da torre norte começou a se mexer de leve, e logo vieram as badaladas, de início lentas, depois mais vigorosas, como se começassem a entrar no clima. Outro par de sinos se juntou a eles, balançando nos telões. Primeiro vieram os aplausos, depois o silêncio; Paris ouvia a bela voz de seu passado distante, um passado pré-revolucionário. Nas ruas, os parisienses olhavam para Notre-Dame e depois uns para os outros, sorrindo. Alguns reagiam aos novos sons melodiosos com um "Ah!" de admiração ou um "Oh!" de entusiasmo, enquanto outros, que sem dúvida tocavam instrumentos, reconheciam suas diferentes notas. "Olha, agora é o Gabriel quem está tocando!", uma mãe disse a seu filho. Também havia muitos olhos marejados na multidão. Stéphane Mouton tinha razão.

Há uma beleza inegável na imagem de um sino tocado, uma certa ingenuidade descompromissada, algo ao mesmo tempo otimista e nostálgico, um elo entre o passado e o presente. Victor Hugo escreveu sobre os sinos de Notre-Dame em *Notre-Dame de Paris*: "Havia repiques para todas as ocasiões, longas serenatas matinais, a cada hora canônica; repiques do campanário para uma missa solene, belas escalas que saíam dos sinos menores para um casamento, para um batizado, e se misturavam no ar como um rico bordado de toda sorte de sons encantadores. A velha igreja, que vibrava e soava inteira, vivia uma alegria perpétua de sinos".

Hugo também escreveu sobre a euforia sentida por Quasímodo, que, embora estivesse surdo, vivia em sincronia com os sinos da catedral:

> Quando ele os fez balançar, ao sentir aquele conjunto de sinos se mover sob seu comando, quando viu, pois não ouviu, a oitava palpitante subir e descer a escala sonora como um pássaro que salta de galho em galho; quando o demônio Música, esse demônio que sacode um monte luminoso de stretti, trinados e arpejos, tomou posse do pobre homem surdo, ele voltou a ser feliz, esqueceu tudo e, com o coração a se expandir, fez seu rosto se abrir num sorriso.[175]

É provável que o falecido medievalista francês Georges Duby se valesse da serenidade que permeou a arte da França dos séculos XII e XIII e da arte gótica que "se tornou a expressão da alegria"[176] para explicar a euforia de Quasímodo, e até as nossas expressões alegres quando ouvimos os sinos de Notre-Dame. Afinal, o sonho gótico era um sonho sinfônico: "Que a coerência da luz seja usada para extrair a unidade essencial da celebração litúrgica; que todos os oficiantes se reúnam em uníssono, todos os gestos se harmonizem como vozes, todas as vozes se elevem como uma só voz".[177]

Claro, a importância dos sinos de Notre-Dame vai muito além do simples prazer de ouvi-los diariamente. Eles acompanharam a história da França nos últimos 850 anos, forneceram a trilha sonora de nossa tristeza coletiva e de nossa alegria triunfante. Como disse o historiador e *résistant* André Chamson:

> Os ecos de nossa glória e nossas perdas, de nossas vitórias e de nossos desastres sempre ressoaram sob aquelas abóbadas. Sempre dobramos os sinos pelos nossos mortos, soamos o toque contínuo de nossa revolta e o carrilhão de

nossas alegrias com o sino de suas torres. Lá, ateus e fiéis compartilham das mesmas memórias, pois são as memórias da França.[178]

Em 8 de janeiro de 2015, ao meio-dia, sob uma chuva congelante, milhares de parisienses se reuniram em frente a Notre-Dame para ouvir seus sinos dobrarem pelas vítimas do *Charlie Hebdo*. Muitas pessoas traziam lápis para homenagear os cartunistas assassinados por islâmicos radicais no dia anterior. O que mais surpreendeu e emocionou foi a tristeza que uma catedral católica expressou diante da morte de ateus convictos, que em sua maioria se opunham de forma veemente à influência da Igreja. O periódico era conhecido por sua crítica mordaz às religiões, e especialmente a católica, mas a magnânima Notre-Dame nunca foi de guardar rancor. Dez meses depois, Nossa Senhora também se dobraria pelas 130 vítimas dos ataques de 13 de novembro de 2015, sem fazer distinção entre aquelas que acreditavam ou não no paraíso.

***

Os sinos e o Grande Órgão sempre tiveram um papel importante na vida e na história da catedral. Em 1789 o organista, praticamente sozinho, impediu que Notre-Dame fosse destruída pelos revolucionários franceses quando ousou tocar apenas a "A Marselhesa" e canções revolucionárias.

Desde o século XIII, Notre-Dame teve um coro e foi uma escola de coral, hoje com 165 cantores, 35 professores e quatro organistas. Essa "herança imaterial" acabou sendo esquecida depois do incêndio de abril de 2019. Hoje, com os sinos silenciados durante as obras de reconstrução, o coro de Notre-Dame está exilado e precisará realizar uma turnê pelo mundo para sobreviver. Felizmente não lhe faltam amigos.

Veronika Wand-Danielsson é uma delas. A embaixadora sueca em Paris estava em uma festa de aniversário no Cairo na noite do incêndio. "Ficamos arrasados — o jantar acabou de repente —, assistindo à televisão sem conseguir acreditar naquilo tudo; muitos de nós, diplomatas experientes, chorávamos sem parar", ela relembrou alguns meses depois. "As pessoas que andavam pelas ruas do Cairo também pareciam muito comovidas. Elas sabem o valor de Notre-Dame, viam a catedral como uma pirâmide europeia, era como se a pirâmide de Quéops corresse o risco de desabar e desaparecer...".[179]

A embaixada sueca em Paris tem uma relação especial com Notre-Dame. Em 13 de dezembro, dia da festa de Santa Luzia, padroeira da Suécia, o coro real de Estocolmo se junta ao de Notre-Dame para um concerto na catedral. "Na mesma hora decidimos seguir com a tradição, e o concerto continuará a ser realizado em outras grandes igrejas de Paris, como Saint-Sulpice, logo ao lado da praça August Strindberg." Mas para Veronika Wand-Danielsson não bastava manter essa relação: a Suécia precisava ajudar Notre-Dame de maneira significativa. No incêndio, o coro e a escola de Notre-Dame perderam tudo: os instrumentos, as partituras e os trajes — e, ainda mais importante, o lugar onde faziam cinquenta concertos esgotados e mil serviços religiosos por ano. O primeiro-ministro sueco, Stefan Löfven e sua embaixadora em Paris procuraram empresas suecas como Ikea, Electrolux e Saab, que, junto de algumas outras, arrecadaram 1 milhão de coroas suecas[180] para o coro de

Notre-Dame. "E eu fiz questão de verificar pessoalmente se o dinheiro havia sido transferido", diz Veronika com um sorriso.

A arquitetura e a música fizeram de Notre-Dame "uma obra de arte completa", ou *Gesamtkunstwerk*. Não é à toa que ela inspirou tantos artistas e pensadores, de Claude Monet a Auguste Rodin, Victor Hugo e Marcel Proust, e até Sigmund Freud, cujas obras foram concebidas e construídas como catedrais.

11

2019
A LUTA PELA RECONSTRUÇÃO DE NOTRE-DAME

"Vamos reconstruí-la ainda mais bela do que antes."
Emmanuel Macron[181]

Eram duas horas da manhã quando o general Jean-Claude Gallet, que inspecionava a catedral mais uma vez, viu uma luz proveniente do lecionário sobre o que restava do altar. Da página coberta de poeira, a palavra "esperança" saltou-lhe aos olhos, mas foram sua determinação e persistência, assim como a coragem de centenas de bombeiros dispostos a arriscar suas vidas, que mantiveram Notre-Dame em pé. Nascido e criado na costa da Vendeia, no sudoeste da França, "uma terra de mercenários", o general não é um homem de fé. Para os ateus, milagres são coincidências.

Durante toda a noite, enquanto o general Gallet e seus homens faziam as rondas e controlavam o incêndio, milhares de parisienses e turistas, insones, dirigiram-se a Notre-Dame. Para fazer vigília, torcer por ela e cuidar de seus ferimentos. Ao amanhecer, quem contava com um binóculo conseguiu distinguir cores e silhuetas de animais na rosácea sul; as pessoas tentaram entender o que viam, ao mesmo tempo atordoadas e aliviadas. Como os lacres de chumbo dos painéis de vitral não tinham derretido? Como as rosáceas tinham resistido àquelas temperaturas tão altas? Só podia ser um milagre.

O novo dia nasceria trazendo tanto tristeza como bons ventos. As abelhas de Notre-Dame, que viviam no telhado da sacristia, logo foram vistas entrando e saindo de suas colmeias. Essa era a notícia que Sybile Moulin, então com 33 anos, doutora em biologia que cuidava das abelhas, não ousava esperar. Ela as visitara apenas dez dias antes; sabia como eram resistentes. Ainda assim, sobreviver à água e ao fogo em níveis tão extremos exigia sorte — ou a ajuda da Providência Divina. Ela ficou muito feliz quando viu as fotos aéreas que mostravam, junto do telhado destruído, três pequenos pontos, suas três colmeias, ainda no lugar.[182] Quando um sacristão lhe enviou um vídeo curto que mostrava as abelhas zumbindo com alegria ao redor de suas colmeias, sentiu alívio. "Elas têm um mecanismo de segurança: quando percebem que há fumaça, empanturram-se de mel e circundam a rainha para protegê-la."

Sybile Moulin e seu chefe, Nicolas Géant, instalaram as colmeias em abril de 2013 como parte de um projeto que buscava reavivar a biodiversidade urbana e trazer as abelhas de volta ao cerne de megalópoles como Paris. Hoje, Paris abriga mais de setecentas colmeias. Muitas ficam nos telhados de edifícios e monumentos como a Ópera de Paris, o Museu d'Orsay e o Grand Palais. Na verdade, as cidades francesas causam menos impacto ambiental do que muitas áreas da zona rural: há mais carros, é verdade, mas quase não há pesticidas, fungicidas e inseticidas, que são os verdadeiros assassinos. As 200 mil abelhas de Notre-Dame são abelhas de Buckfast, uma variedade mais dócil que o comum, que produz em média 25 quilos de mel por ano, produto que é vendido exclusivamente aos trabalhadores da catedral.

Mas e o Grande Órgão? Também teria sobrevivido ao incêndio, empoleirado a dezesseis metros acima dos portais principais, no que é conhecido como "ninho das andorinhas"? A chance era grande, pensou Olivier Latry, um dos três organistas da catedral, que acabara de pousar em Viena para um concerto. Ele apenas deixara sua mala no quarto de hotel quando recebeu uma mensagem, e logo depois outra com uma foto anexada: era o telhado de Notre-Dame pegando fogo. Ele passou a noite prostrado em frente à TV. Algumas semanas antes, ele havia gravado um álbum de música de órgão chamado *Bach to the Future*, em cuja capa ele aparece deitado como se levitasse. A última música a ser gravada em Notre-Dame antes do incêndio foi uma vibrante homenagem à música barroca luterana. Mais adequado e ecumênico, impossível.

Em Viena, ele pensa naquele instrumento animalesco, um Cavaillé-Coll que data de 1868, com direito a alguns tubos centenários. Ele demorara cinco anos para aprender a usá-lo e sempre pensou que levaria uma vida inteira para domar "sua personalidade extraordinária".[183] Em 2013, o órgão tinha sido restaurado e presenteado com um novo console feito de sicômoro branco e 21 novas paradas (cada parada corresponde a uma série de tubos do mesmo timbre), e cada um dos 7374 tubos tinha sido higienizado à mão. Na verdade, o Grande Órgão de Notre-Dame foi sendo restaurado e ampliado ao longo do tempo, e cresceu de maneira orgânica e contínua. Ao longo dos séculos, quase todos os grandes construtores de órgãos trabalharam nele, modernizando-o pouco a pouco, implementando a melhor tecnologia de cada época e transformando-o em uma síntese musical surpreendente.

Olivier Latry se recusava a aceitar a ideia de que apenas 36 horas antes, no Domingo de Ramos, ele estava lá, com as mãos saltando sobre os cinco teclados, os pés dançando sobre os pedais, pairando acima da nave de Notre-Dame. "Foi uma bela cerimônia. Ainda mais no momento em que o padre bateu à porta da catedral com sua cruz processional e pediu permissão para entrar." Ele deixou o órgão ressoar a todo volume, lançando cores musicais que reverberavam por todo o edifício gótico. "Parecia que era Cristo que entrava na catedral."[184]

Mais um golpe de sorte. No dia seguinte ao incêndio, declararam que o Grande Órgão estava a salvo, assim como as rosáceas de vitral e as colmeias. O instrumento só sofrera pequenas avarias, porque fora protegido por um telhado de pedra ligeiramente inclinado: a água que os bombeiros lançavam corria por cima do telhado e desviava do órgão. Ao que tudo indicava, o único problema era que os milhares de tubos estavam muitíssimo empoeirados e precisariam de uma nova limpeza.

***

Philippe Villeneuve deve ter ficado ainda mais preocupado com o destino do Grande Órgão ao chegar, enfim, à catedral, depois de embarcar no último trem de alta velocidade de La Rochelle com destino a Paris; eram onze da noite quando chegou ao pátio, já sabendo que tinham conseguido salvar a estrutura da catedral. Como arquiteto-chefe do Departamento dos Monumentos Históricos, Villeneuve conhece de perto cada detalhe, cada canto, cada passagem secreta e porta escondida que há no monumento. Ele guarda até hoje dois cartões-postais da catedral que comprou quando tinha seis anos. Era adolescente e, enquanto sua irmã ouvia Pink Floyd, ele se trancava no quarto para ouvir os discos de Pierre Cochereau. "Naquela noite eu morri", Philippe Villeneuve diz sem fazer rodeios, e em seguida explica: "Notre-Dame faz parte de mim". Seu destino é atrelado ao de uma catedral pela qual ele se tornou responsável em 2013, e a reconstrução da catedral sem dúvida refletirá seu próprio processo de cura.

Há alguns anos, Villeneuve havia alertado o Ministério da Cultura sobre o estado de degradação da catedral. Em suas longas rondas de inspeção, ele descobrira que ela vinha enfrentando muitas dificuldades, não só por conta da deterioração, mas também, e cada vez mais, com os efeitos da poluição, das mudanças climáticas e da chuva ácida. Ele tinha notado que alguns arcobotantes estavam frágeis, que havia erosão na alvenaria, afrouxamento dos painéis de vitrais e fissuras nas pedras e esculturas. Tinha feito uma lista das gárgulas quebradas que haviam sido substituídas por canos de plástico, balaustradas rachadas que eram sustentadas por tábuas de madeira e pináculos que só não tinham caído porque estavam amarrados. Em algumas partes, bastava um toque para que o calcário se despedaçasse. Na época, ele avaliara os custos da restauração em pelo menos 100 milhões de euros. O Estado, que é dono de Notre-Dame desde a Lei de Separação da Igreja e do Estado de 1905, concordou em liberar 60 milhões, mas a Igreja, por ser, como sempre afirmou, uma mera beneficiária, preferiu ignorar o assunto.

Em um país em que a população conta com o Estado para quase tudo, e a filantropia privada ainda parece um conceito muito distante, alguns poucos corajosos tentaram arrecadar doações dentro e fora da França para contribuir com a restauração de Notre-Dame. Criou-se a fundação Amigos de Notre-Dame, para encontrar patrocinadores, especialmente nos Estados Unidos, e, após uma campanha de doze meses, 2 milhões de euros foram arrecadados para ajudar os planos de Villeneuve, que previam dez anos de obras de restauração. Os valores não chegaram aos 100 milhões necessários, mas o trabalho poderia ao menos começar, e, no verão de 2018, uma mantilha metálica gigante passou a cobrir o *flèche*. O pináculo de fato encabeçava a lista de prioridades. Quatro dias antes do incêndio, as dezesseis estátuas de cobre que representavam os doze apóstolos e quatro evangelistas, que tinham 3,4 metros de altura e pesavam 150 quilos, tinham sido removidas com a ajuda de um guindaste gigante e transportadas para Périgueux, no coração da Dordonha, para serem restauradas pela empresa Socra. Uma das estátuas era diferente das outras. A imagem de São Tomé, padroeiro dos arquitetos, era famosa por ter os traços de seu criador, Eugène Viollet-le-Duc. Só ele, entre os dezesseis gigantes sagrados que ficavam na base do pináculo, não olhava para a Paris espalhada a seus pés. Em vez disso, segurando uma longa régua de arquiteto, ele fitava o pináculo, sempre cauteloso.

O incêndio mudara tudo. Logo os cofres começaram a transbordar de doações para Notre-Dame. Ela quase precisou ser reduzida a pó para que o amor da população ganhasse corpo. A culpa desempenhou um papel essencial nesse processo. O bem-estar dela era, claro, nossa responsabilidade coletiva. No meio da madrugada, as famílias mais ricas da França, tão afetadas por aquela visão do inferno como o resto do país, tomaram decisões grandiosas. François Pinault, de 82 anos, filho de um modesto comerciante de madeira da Bretanha logo ligou para seu filho, François-Henri, que agora era diretor da empresa familiar, o conglomerado de artigos de luxo Kering.[185] Juntos, eles decidiram se comprometer a doar 100 milhões de euros do fundo da família para a reconstrução de Notre-Dame, além de não solicitar a isenção fiscal que costumava ser concedida a doações desse tipo.[186]

Dez dias antes, François Pinault tinha viajado para Guernsey para reabrir Hauteville, a casa onde Victor Hugo morou durante o exílio, de 1855 a 1870. Por ter financiado sua restauração, Pinault se lembrava de andar pela entrada da casa, onde uma coluna coríntia dá suporte ao tímpano (espaço com esculturas em forma de arco acima do portal) que pertencia a ninguém menos que Victor Hugo. O escritor, que adorava design de interiores, tinha encomendado a peça, feita em carvalho e latão, a artesãos da região em março de 1858. Era uma réplica da ilustração da capa da primeira edição de *Notre-Dame de Paris*.[187] A Hauteville House, que Hugo projetou do chão ao teto, foi concebida como sua catedral gótica particular, com fortes contrastes de luz entre vestíbulos escuros e alcovas iluminadas. Visitar Hauteville é como entrar na mente de Hugo e ouvi-lo falar por meio de todas as frases que entalhou nas paredes com painéis de carvalho. Escritos em francês e latim, seus lemas republicanos de forte inclinação progressista aparecem entrelaçados com sua fervorosa fé católica. Na cozinha, uma estatueta da Virgem segurando o menino Jesus se transformou em uma alegoria da Liberdade, com as palavras de Hugo ao seu redor:

> O povo é pequeno, mas se tornará grande
> Em seus braços sagrados, Ó mãe fecunda
> Ó divina liberdade com seu passo que tudo conquista
> Segurai a criança que levará o mundo no colo. [188]

Ainda distraído pelas imagens da morada de Hugo e sem dúvida inspirado pelas palavras do escritor, Pinault deve ter ficado ainda mais abalado com as imagens de Notre-Dame em chamas. Ele também se lembrou de como o sucesso de *Notre-Dame de Paris* a salvara do abandono.[189] Assim, tornou-se o pioneiro de uma onda de generosidade incrível que partiu tanto dos ricos quanto dos pobres, fossem franceses ou não.

Depois dos Pinault veio Bernard Arnault, o homem mais rico da França, diretor do grupo de artigos de luxo LVMH. Sempre competitivo, ele doou o dobro do valor que Pinault anunciara, oferecendo 200 milhões de euros para a obra. Assim como fez, logo em seguida, a família Bettencourt, herdeira da L'Oréal, enquanto o grupo do setor de combustíveis Total anunciou que contribuiria com 100 milhões de euros. Em comparação, as muitas doações de 20, 10 e 5 milhões de euros feitas por pessoas extremamente ricas, como as famílias Decaux, Bouygues e Ladreit de Lacharrière, da França, e os Disney e Kravis, dos Estados Unidos, quase pareceram pequenas, embora também tenham sido atos de imensa generosidade. E daí em diante, todos seguiram o exemplo de acordo com sua riqueza. Uma cascata de doações chegou a quatro fundações principais: a Fondation de France, a Fondation du Patrimoine, o Centre des Monuments Nationaux e a Fondation Notre-Dame.

As doações menores foram ainda mais comoventes. O município de Szeged, na Hungria, votou a favor do envio de 10 mil euros. Nunca tinham se esquecido que, depois que a cidade foi destruída por uma enchente em março de 1879, Paris enviou ajuda financeira para sua reconstrução. Cento e quarenta anos depois, a cidade pagou na mesma moeda: a da gratidão. O rei de Sanwi, um reino na Costa do Marfim, prometeu ajudar a catedral onde seu ancestral, o príncipe Aniaba, afilhado de Luís XIV, tinha sido batizado em 1702.

A solidariedade se manifesta de muitas maneiras. E às vezes um edifício se mostra solidário a outro. O Palácio de Versalhes, que começaria a arrecadar dinheiro para sua própria restauração no dia seguinte ao incêndio, por meio de um leilão beneficente de vinhos raros da vinícola Château Mouton-Rothschild, de Londres, decidiu durante a noite que doaria todo o lucro para Notre-Dame. Um milhão de dólares. De Versalhes para Notre-Dame, com carinho.

O monsenhor Benoist de Sinety, vigário-geral de Paris, leu a primeira das milhares de cartas enviadas à catedral. "São as menores doações que mais me emocionam", diz ele. Principalmente as cartas de crianças de todo o mundo que insistiram que suas famílias não lhes dessem presente de aniversário, mas apoiassem a reconstrução de Notre-Dame. Ou uma senhora francesa que colocou uma nota de dez euros em um envelope com os seguintes dizeres: "Minha família não é rica, mas isto aqui é para Notre-Dame. No dia 15 de abril fiz aniversário, mas passei o dia chorando por Nossa Senhora". Exatamente dois meses após o incêndio, 80 milhões de euros[190] tinham sido recebidos por meio das doações pequenas e poderiam ser usados imediatamente, enquanto as grandes doações precisavam passar por um longo e conhecido processo de convenções entre o doador e o Estado responsável pela reconstrução.

Como sempre acontece na França, essas demonstrações de imensa generosidade de doadores privados e bilionários famosos revoltaram uma pequena, mas expressiva parcela da opinião pública. Em 16 de abril, por volta das oito da manhã, quando os destroços do incêndio ainda não tinham resfriado, o jovem padeiro da Chez Isabelle, normalmente tão simpático, com seu cabelo loiro, olhos azuis e sorriso fácil, estava espumando de raiva. "Então vão dar centenas de milhões por uma catedral, mas e as pessoas que precisam?" Ele não era o único a pensar assim.

A Igreja da França percebeu a reação negativa e, pelo menos uma vez na vida, reagiu depressa. "A generosidade dos mais ricos deve ser orientada. Eles devem ser encorajados a doar tanto para Notre-Dame quanto para as pessoas que mais precisam. No entanto, pela minha experiência, alguém que começa a doar continua doando, e sente gratidão quando lhe pedem ajuda",[191] disse o monsenhor De Sinety, que sabe melhor do que ninguém que doações privadas são fundamentais. Por onze anos ele foi padre da emblemática igreja de Saint-Germain-des-Prés, na Margem Esquerda, que há pouco tempo foi restaurada à perfeição graças, em parte, à generosidade de filantropos estadunidenses. Uma ideia que ele teve em 2017 mostrou-se muito popular: os doadores podiam adotar uma das 5 mil estrelas douradas da abóbada azul do coro, que parecia um céu estrelado. O monsenhor De Sinety espera que os generosos valores prometidos a Notre-Dame possam, com o passar do tempo, beneficiar outras iniciativas beneficentes e igrejas, bem como pessoas e antigas pedras.

No entanto, a fúria que muitos sentiam ao ver os ricos e poderosos abrindo os bolsos em nome de uma "igreja velha que caía aos pedaços" não ia desaparecer tão cedo. Na França, o igualitarismo é quase uma religião. A riqueza é alvo de fascínio e de ódio. O movimento dos Gilets Jaunes, uma óbvia manifestação desta última faceta, não poupou críticas aos privilegiados que se mostraram dispostos a gastar milhões assim que as doações vieram a público. Se nenhum membro dos Gilets Jaunes conseguiu articular de forma coerente o que considerava condenável nessa ostentação de riqueza que invadiu Notre-Dame, outros o fizeram: o padre jesuíta e economista Gaël Giraud, por exemplo.[192] Para ele, esse excesso de dinheiro era, acima de tudo, uma prova de que é de fato correto taxar os ricos de maneira mais incisiva, para que o Estado possa redistribuir os impostos que recebe aos cidadãos mais necessitados. Ele também insistiu que a Igreja usasse parte das doações para ajudar os imigrantes e os 3 milhões de crianças que vivem abaixo da linha da pobreza na França. Ele evocou a Bíblia, Lucas 22, 25, quando, durante a Última Ceia, Cristo diz aos apóstolos que os ricos muitas vezes usam sua generosidade para exercer poder sobre os outros: "E disse-lhes: os reis dos gentios mostram domínio sobre eles; e aqueles que exercem autoridade sobre eles são chamados de benfeitores".

Quando se levantou a suspeita de que os doadores ricos talvez estivessem mais interessados na isenção fiscal do que em Notre-Dame, os Pinault, Arnault e Bettencourt, conhecendo seus compatriotas muito bem, anunciaram que abririam mão das isenções fiscais normais e previstas pela lei que regulamentava doações como aquelas. Seus atos de generosidade eram sinceros, e eles queriam que isso fosse esclarecido.

Gaël Giraud vai além em sua análise: ele reitera que o incêndio de Notre-Dame revelou um profundo mal-estar, tanto na França como em outras partes do mundo ocidental. "Nossa sociedade tecnológica está mostrando que, no fundo, é muito vulnerável. Somos capazes de pisar na Lua, mas ainda não conseguimos proteger o telhado de Notre-Dame de um incêndio." Até o século passado ninguém ousava incorporar instalações elétricas à catedral, mas agora ninguém quer se responsabilizar pelas consequências. "Já a política", diz Giraud, "foi descreditada pela onipotência dos mercados financeiros, que hoje governam o mundo porque nós permitimos". O problema é que "o mercado financeiro como um todo tem se mostrado irracional e ineficiente, e não é capaz de oferecer qualquer sentido à nossa vida. Quando Notre-Dame pega fogo, é a nossa malha social que é destruída".

A Igreja teve um papel crucial na Europa: ajudou a criar o Estado, construiu hospitais e escolas, escreveu o primeiro código de leis, também conhecido como Código de Direito Canônico, e foi responsável pela primeira administração da Europa. De muitas maneiras, Notre-Dame representa esse capítulo da nossa história. E a emoção que sentimos ao vê-la incendiada espelha nossa confusão ao testemunhar as estruturas de nossa cultura e de nossa sociedade serem destruídas. Enquanto símbolos como Notre-Dame existirem, podemos continuar a acreditar que nossas sociedades ainda não se renderam ao poder do capital e não perderam o vínculo com o transcendental a que ainda nos apegamos como indivíduos. Giraud conclui: "Temos plena consciência de que a destruição de lugares como Notre-Dame levaria a uma anomia fatal".[193]

***

Concentrados na grandiosa tarefa que os aguardava, e alheios às polêmicas que já começavam a surgir, a curadora do Patrimônio Nacional, Marie-Hélène Didier, arquitetos-chefes do Departamento de Monumentos Históricos e os muitos empreiteiros que tinham estado no local nas semanas que precederam o incêndio — marmoristas, montadores de andaimes, telhadistas, marceneiros, alpinistas industriais — voltaram à catedral no amanhecer de 16 de abril para ajudar Philippe Villeneuve. Entre eles está Didier Durand, neto de um pedreiro italiano, diretor da empresa Pierre Noël e de uma equipe de 47 pedreiros, divisores, cortadores e entalhadores. O Ministério da Cultura telefona para Durand para avisar que enviarão um novo contrato imediatamente: sem especificar duração, quantidade ou custo do trabalho.

O tempo urge. Há duas prioridades: avaliar as necessidades imediatas e estabilizar e fortalecer Notre-Dame.

Acompanhada por bombeiros, Marie-Hélène Didier entra na nave para verificar o estado em que se encontram os famosos treze "Maios". Ela também precisa lidar com as mil peças de arte que ficaram para trás depois do resgate da noite anterior, as mais antigas datando do século XVI, assim como os imensos tapetes e, por último, mas não menos importante, a célebre *Vierge à l'enfant* (*A Virgem e a criança*) do século

XIV, também conhecida como *Notre-Dame de Paris*. Ela soubera que a Virgem tinha sido vista ainda de pé ao lado do pilar sudoeste do transepto, no que agora era uma zona interditada. Mas em que condições estaria?

Será que Marie-Hélène encontrará a Virgem que personificou Notre-Dame de Paris tão bela quanto um dia foi, tão elegante, com seu sorriso melancólico e misterioso e seu filho brincando com a prega de seu manto? Desde 1818, ano em que a deram de presente à Notre-Dame, a inclinação de seu quadril a destacara em meio às 37 imagens da Virgem Maria que havia na catedral. "Bonita, mas ao mesmo tempo tão estranha, com um sorriso alegre nos lábios deveras melancólicos!", ponderou o escritor decadentista francês Joris-Karl Huysmans em 1898. "Quando observada de um lado, ela olha para Jesus com um sorriso quase zombeteiro [...] Ao ser vista pelo outro lado, não há mais sorriso. Os lábios, contraídos, parecem prenunciar as lágrimas. Talvez, ao imprimir em Nossa Senhora emoções opostas, paz e medo, o escultor tenha pretendido expressar o júbilo do nascimento e a dor distante do sofrimento na cruz."[194]

Marie-Hélène se vê boquiaberta: todas as peças de arte, todas as pinturas, todas as estátuas estão intactas, um pouco empoeiradas, mas nem sequer escurecidas pela fuligem. A queda do pináculo no cruzeiro do transepto criou um efeito de chaminé e expeliu a maior parte da fumaça. Para a surpresa de todos, as abóbadas também resistiram, conforme os planos de seus criadores medievais. Abóbadas eram projetadas de forma minuciosa para proteger catedrais de incêndios. "Os arcos, as costelas e as abóbadas cumpriram seu papel com excelência", confirma Philippe Villeneuve.

No entanto, o fato de as paredes e as pedras estarem encharcadas faz com que todas as pinturas precisem ser retiradas rapidamente, e ninguém sabe como o edifício vai reagir quando a água começar a evaporar. Marie-Hélène Didier passa duas semanas quase sem conseguir dormir, não lê nenhuma das centenas de mensagens que recebe todos os dias e evita os jornais. Nas raras ocasiões em que se dá ao trabalho, as notícias divulgam tantas informações incorretas, polêmicas frívolas sobre doações e desenhos ridículos para o novo pináculo que ela prefere ignorar tudo. Começa a ficar um pouco mais tranquila quando a *Vierge à l'enfant*, com seus duzentos quilos, é resgatada com segurança, graças a um complexo sistema de polias de tração e andaimes com rodas que já eram usados pelos romanos.

***

Philippe Villeneuve também não tem tempo a perder com os projetos fantasiosos, se não apenas bizarros, para o novo pináculo, que começam a inundar as redes sociais e as páginas de todos os jornais. Subindo e descendo pela catedral, atravessando a nave de leste a oeste, engatinhando, subindo, pulando, agachando-se, ele quer chegar a um diagnóstico preciso de seu estado. Ele proibiu que todos os trabalhadores andassem na nave por conta da fragilidade das abóbadas, que podiam desabar a qualquer momento.[195] Ele esquadrinha cada uma das pedras: se sua primeira avaliação dos danos for incorreta, as consequências podem ser graves. Em outras palavras, "é guerra",[196] e vai ser até que Notre-Dame esteja completamente estabilizada e consolidada.

Villeneuve precisa de uma lona impermeável de 127 metros por 48 metros para cobrir as abóbadas. E precisa pra já. A previsão do tempo não deixa dúvidas: vai chover em Paris na sexta-feira, dentro de três dias. Os alpinistas industriais estão prontos para começar, a lona foi providenciada. Trabalhando 24 horas por dia, eles terminam de cobrir o telhado da catedral poucas horas antes de uma chuva pesada com fortes ventos começar a açoitar Paris.

A empena norte deixa Philippe Villeneuve preocupado. Um pilar de 350 toneladas, que costumava ficar preso ao telhado de madeira, agora está em pé sem suporte algum e periga desabar sobre a empena. Se cair para dentro, é muito provável que leve a rosácea norte junto; se cair para o lado de fora, vai derrubar o prédio de seis andares da era Haussmann que fica em frente, na rue du Cloître-Notre-Dame. Didier Durand, o mestre de obras, diz a Villeneuve que só vê uma forma de começar a proteger a empena norte: cortando a cabeça de 1,8 tonelada da estátua de um arcebispo que fica em seu topo. Os bombeiros ficam indecisos, mas em seguida concordam com a manobra arriscada, e um hospital de campanha é organizado na rue du Cloître-Notre-Dame. Enquanto Durand sobe a escada em espiral para acompanhar a operação, um guindaste ergue um de seus operários a 46 metros de altura, acomodado em uma cesta aérea com uma motosserra na mão. Qualquer ventinho pode estragar tudo. A operação leva seis horas. "Eu envelheci dez anos",[197] confessa Durand. Mais tarde, vigas de madeira de dezoito metros de comprimento chegam da Bélgica, o fornecedor mais próximo que conseguiram encontrar, para consolidar ambos os lados da empena.

Na empena oeste, que conecta as duas torres, e na galeria de quimeras, a história é outra. As labaredas de vinte metros de altura tinham passado horas lambendo a pedra através do óculo. A pedra ganhara um belo tom de rosa, mas alguns anjos se quebraram por conta do calor. O *Anjo do Julgamento Final*, rachado ao meio, precisa ser removido. É necessário amarrar várias das gárgulas dos pés à cabeça, enquanto outras recebem camadas de gesso fresco e celofane e são levadas para um lapidário improvisado no pátio.

A alvenaria da empena sul também está bastante danificada. O laboratório dirá se partes da estrutura podem ser reutilizadas. "Se a parte interna estiver intacta, embora esteja tudo avermelhado, e agora rosado, vamos usá-la novamente", diz Philippe Villeneuve, que é a favor de uma "restauração homeopática". Na nave, Villeneuve percebe que dois pilares devem ser amarrados com fita de cobre o quanto antes, porque é muito provável que desmoronem — estão começando a aparecer rachaduras aqui e ali. Ele também pede para retirarem e guardarem todos os vitrais.

Cerca de 150 trabalhadores especializados passam a se dedicar quase 24 horas por dia para tentar estabilizar Notre-Dame, mas há muito a fazer ao mesmo tempo, e em muitas frentes. Seis robôs, dois que se dedicam a varrer os espaços e quatro munidos de alicates, são enviados para a nave e passam dez horas por dia coletando os destroços carbonizados que depois devem ser inspecionados, classificados, numerados e armazenados. A inspeção posterior será feita por duas equipes diferentes, uma composta por peritos criminais, que vão se dedicar à investigação para determinar a causa do incêndio, e a outra por arqueólogos e especialistas em pedras, metal, madeira e vidro. Philippe Villeneuve já avisou sua equipe: "Vamos guardar todos os pedaços de pedra e reutilizá-los sempre que possível".

Por conta da forma como Notre-Dame foi construída, Philippe Villeneuve precisa pensar nos diferentes elementos de seu complexo sistema estrutural ao mesmo tempo. Uma catedral gótica como Nossa Senhora não se apoia na imensa massa de suas paredes, mas distribui o peso por meio de colunas, pilares, arcobotantes externos e contra apoios. Tanto o pináculo quanto o telhado, feitos de chumbo numa decisão proposital, e por isso extremamente pesados, contribuíam muito para o bom estado da estrutura. Sem ambos, toda a trama de Notre-Dame — toda sua existência — de repente se vê em perigo.

Não demora para perceberem que cada um dos 28 arcobotantes (catorze para o coro e catorze para a nave) precisa ser reforçado com arcos semicirculares de madeira, como em um exoesqueleto. Se as abóbadas caírem, é fundamental que as paredes não sejam empurradas pelos arcobotantes, o que causaria desabamento. Além disso, esses arcos de madeira ajudarão a sustentar o guarda-chuva gigante que será usado quando Notre-Dame chegar à fase de reconstrução.

Essa corrida para reforçar e estabilizar Notre-Dame custa uma fortuna; os trabalhadores e fornecedores precisam receber em dia, e a verba que o Ministério da Cultura tinha acabou depressa. Os 80 milhões de euros arrecadados com a ajuda de milhares de pequenos doadores também não vão durar muito. Em 2 de julho de 2019, Philippe Villeneuve convida François Pinault a assistir à instalação do primeiro arco de suporte de madeira. "Tirei fotos, mas ficaram todas desfocadas. Eu estava com tanto medo que não parava de tremer", disse Villeneuve algumas semanas depois. O primeiro arco de madeira de oito toneladas é içado a quarenta metros por um guindaste, e deve ser encaixado como uma luva com a ajuda de alpinistas industriais. Ao presenciar tanta habilidade e dedicação, François Pinault concorda em liberar 10 milhões de euros imediatamente, embora ainda não tenham assinado nenhum documento. Ele entende a urgência da situação, assim como Bernard Arnault, que também concede um adiantamento de 10 milhões de euros direcionado aos custos da obra, que não param de crescer.

***

À revelia da equipe de arquitetos, de curadores e mestres de obras que passavam noite e dia cuidando dos ferimentos de Notre-Dame, projetos utópicos para o novo pináculo tomavam conta das redes sociais e dos jornais do mundo inteiro. Com sua louvável intenção de ver Notre-Dame reconstruída e "mais bela do que antes" em apenas "cinco anos", o presidente da França tinha, sem querer, dado aval às ideias mais absurdas. No dia seguinte, e apenas dois dias depois do incêndio, o primeiro-ministro Édouard Philippe também fomentou o delírio coletivo ao lançar um concurso internacional que premiaria o melhor desenho do novo pináculo, pedindo que fosse "adaptado às técnicas e aos desafios do nosso tempo". A histeria parecia ser o sentimento predominante da ordem do dia.

Para o telhado, um escritório francês propôs a construção de uma estufa gigante, enquanto outro sugeriu uma floresta que serviria de refúgio para espécies em risco de extinção. Um arquiteto sueco apostou em piscina em formato de cruz, que receberia a água da chuva; outro, uma estrutura de vidro — tudo ecologicamente correto, é claro. Quanto ao pináculo, houve um grande debate sobre o material a ser usado: cristal, vidro ou titânio; houve quem dissesse que a estrutura não deveria ser reconstruída, apenas substituída por um feixe de luz. E o formato? Muitos argumentaram que nem precisava lembrar um pináculo.

O designer francês Matthieu Lehanneur também resolveu mostrar sua versão do pináculo, mas se tratava de uma releitura irônica. Ele postou no Instagram uma imagem da catedral com uma chama reluzente de cem metros, que seria feita em fibra de carbono e folheada a ouro. Seus seguidores levaram a brincadeira a sério, e o desenho logo se espalhou pelas redes sociais. Nem o renomado arquiteto Norman Foster resistiu à polêmica, declarando que "o novo pináculo deve ser contemporâneo e muito espiritual". Belas palavras, pouco conteúdo.

Meses depois, é mais fácil pensar que essa coqueluche de ideias sem sentido foi uma reação catártica à tragédia. O mesmo vale para a determinação do presidente Macron em reconstruí-la "mais bela do que antes" em apenas cinco anos. Não há dúvida de que o choque de ter testemunhado o incêndio, e por pouco não ter visto a catedral desabar, levou o presidente e todo o governo a falar coisas assim. Psicanalistas diriam que essa foi uma forma de dar vazão à angústia que nos abalou profundamente, e aos pensamentos perturbadores com os quais convivemos por algumas horas, enquanto temíamos o pior, impotentes como nos vimos diante das chamas que a destruíam.

No entanto, essas visões lúdicas para um novo pináculo e um novo telhado com design contemporâneo mais uma vez dividiram a opinião pública francesa no eterno embate entre *les modernes e les anciens*. O jornal conservador *Le Figaro* passou a publicar enquetes para mostrar que a maioria dos franceses (55%) queria que o telhado e o pináculo fossem reconstruídos como eram antes, enquanto uma maioria ainda mais esmagadora (72%) rejeitava o Decreto de Emergência Notre-Dame, proposto pelo governo para evitar os procedimentos atrelados a restaurações do Patrimônio Nacional.[198]

***

Foi necessário criar um órgão público para supervisionar "o canteiro de obras do século", como a mídia francesa agora chamava o projeto, e o presidente Macron teria que escolher a pessoa certa para gerenciá-lo. Ele também precisava que o parlamento aprovasse o decreto de emergência. Notre-Dame não podia esperar.

Era preciso começar pelo começo: o homem ou a mulher que encabeçaria a reconstrução. Para supervisionar todos os serviços públicos que agiriam lado a lado no local, bem como as centenas de técnicos, especialistas, artesãos e empresas envolvidas nessa operação histórica e grandiosa, o presidente da França buscava um líder com autoridade natural e moral, um estudioso que tivesse o conhecimento histórico, religioso e artístico necessário para tarefa, e que também fosse um católico fervoroso. O general cinco estrelas Jean-Louis Georgelin, ex-chefe do Estado-Maior do Exército da França e recém-aposentado, tinha o perfil ideal. Ofereceram-lhe uma pequena sala no Élysée Palace, não muito longe de onde o presidente fica, e o general Georgelin prontamente assumiu seu novo título de "representante especial do presidente da França". O Ministério da Cultura, sentindo-se preterido, não gostou nada da ideia. No entanto, o presidente Macron, que se orgulhava de colocar a mão na massa e que tinha algo de Bonaparte, intuiu que um certo espírito militar talvez fosse o que o país precisava ali, naquele momento, para o bem de Notre-Dame. Afinal, ele presenciara o rigor militar, a coragem e a bravura dos bombeiros de Paris. Na verdade, pelo menos em espírito, o presidente Macron recorrera à aliança do exército com o Estado para salvar um símbolo da nação. Do ponto de vista histórico, fazia sentido.

A aprovação do Decreto de Emergência Notre-Dame levou três meses. Ambas as câmaras, a Assembleia Nacional e o Senado, revisaram e incluíram emendas no texto original. Com isso o tornaram menos "excepcional" e reforçaram a importância da adoção de trâmites já conhecidos, além da valorização do conhecimento e das recomendações dos arquitetos-chefes do Departamento de Monumentos Históricos e dos curadores do Patrimônio Nacional. Uma boa maneira, quem sabe, de evitar que uma floresta habitada por animais selvagens um dia venha a substituir o antigo telhado de Notre-Dame. No entanto, o parlamento concordou com a criação de um novo órgão público liderado pelo general Georgelin, onde a Igreja e os arquitetos responsáveis tivessem voz.

Claro, a reconstrução de Notre-Dame vai muito além das questões arquitetônicas. Trata-se de uma valiosa oportunidade para que a França faça perguntas difíceis a si. Grandes traumas sempre levam a reflexões importantes e oferecem novas chances. Jacques Moulin, um dos arquitetos-chefes do Departamento de

Monumentos Históricos e responsável pelas catedrais góticas de Saint-Denis e Meaux, diz que gostaria de ver o país repensar do zero a maneira como protege seus monumentos de importância histórica. Não basta instalar alarmes de incêndio. Em sua opinião, o Patrimônio Nacional deve cuidar, por exemplo, para que esses edifícios tenham sistemas de proteção contra incêndio. "Ainda há na França algumas outras catedrais que têm telhados de madeira medievais, algumas até mais antigas do que Notre-Dame. Não podemos correr o risco de perder mais uma catedral. É nosso dever aprender com o que aconteceu e evitar que um incêndio como esse volte a ocorrer no futuro."[199] Já há sistemas de proteção contra incêndio disponíveis em depósitos, e as soluções vão desde chuveiros automáticos, *sprinklers*, nebulização até sistemas de umidade de saturação e esgotamento de oxigênio — uma vasta gama de métodos de proteção contra incêndio, mas que, por algum motivo, nunca foram aprovados pelos controladores do Patrimônio Natural. "Precisamos, é claro, adaptar esses sistemas invasivos à realidade dos monumentos históricos, mas precisamos deles", diz Moulin. Nem sempre podemos esperar que os bombeiros arrisquem suas vidas.

O arquiteto-chefe também menciona uma ideia que a Igreja sempre menosprezou: a cobrança de uma taxa de entrada para visitas a Notre-Dame e outras catedrais de importância arquitetônica e histórica, cujas receitas ajudariam na manutenção dos edifícios. A Igreja da França sempre rejeitou essa proposta, graças ao nobre princípio de que a casa de Deus deve estar à disposição de todos, ao qual outras igrejas da Europa aderiram em espírito, mas não na prática. Na Itália, por exemplo, turistas pagam um ingresso de alguns euros para visitar igrejas de importância arquitetônica e artística, mas fiéis ou pessoas que frequentam cerimônias religiosas não precisam pagar. Diante disso, a Igreja da França irá responder, como sempre, que não é dona de nenhuma de suas igrejas, ao menos aquelas que foram construídas antes da Lei de Separação da Igreja e do Estado de 1905, e que, portanto, é dever do Estado custear todos os serviços de manutenção, reparos e restauração.

A lei de 1905 infantilizou a Igreja. Preferindo não se responsabilizar por edifícios que não lhe pertencem mais, vendo a si apenas como sua beneficiária, a Igreja da França adotou uma postura arrogante e relegou ao Estado todas as questões referentes à estrutura dos monumentos, enquanto afirmava se dedicar à alma dos fiéis. Para Jacques Moulin, "o comportamento da Igreja se mostrou uma falha de estratégia".[200] Se o clero francês tivesse pedido aos 14 milhões de turistas que vão a Notre-Dame todos os anos que pagassem poucos euros por sua visita, poderia ter usado esses valores em sua manutenção. Afinal, todo inquilino tem suas obrigações.

Será que ideias inovadoras e uma recém-descoberta maturidade partirão de uma nova geração de membros eclesiásticos? Gilles Drouin, o padre que o arcebispo de Paris nomeou para supervisionar "a liturgia e o planejamento na Notre-Dame de Paris", mostra-se aberto ao diálogo. Doutor em arquitetura e liturgia da França do século XVIII, o padre Drouin parece ser o homem certo para a missão de reinventar a catedral de Paris quando ela for reaberta para cerimônias — etapa que é a prioridade de todos, pelo visto, desde General Georgelin a Philippe Villeneuve.

"A Igreja enfrenta uma de suas piores crises. A pergunta, ao falarmos de Notre-Dame, mas também do cenário geral, é:

que experiência da igreja queremos oferecer aos católicos de hoje?",[201] declara o padre Drouin. Pela primeira vez em seus 850 anos, as portas de Notre-Dame estão fechadas; e mesmo que sejam reabertas assim que o edifício for declarado estável, parcialmente destelhado, mas seguro, ainda levará alguns anos para que as soluções de acesso de visitantes sejam repensadas. O padre Drouin recebe de braços abertos esse imenso desafio. Além da oportunidade de encarar e, enfim, resolver problemas que vêm maculando a imagem de Notre-Dame há décadas: as intermináveis filas de turistas que impediam a passagem dos parisienses pelo pátio, os procedimentos de segurança ineficazes e demorados que havia diante dos portões, a inadequação das lojas de suvenires de má qualidade dentro da catedral — a lista é longa. A catedral precisa de uma revisão completa, e não faltam alternativas.

Por que não, por exemplo, usar o estacionamento vazio que fica abaixo do pátio para criar um acesso exclusivo para turistas, com direito a lojas e outros estabelecimentos? Parte desse espaço poderia ser dedicada à cripta arqueológica, que precisa ser reinventada. Por que não instalar um museu no Hôtel-Dieu, o antigo hospital de Paris que fica em frente ao pátio e hoje se encontra parcialmente vazio — como em Milão, onde o Museu do Duomo, que fica a poucos passos da catedral, oferece às pessoas a oportunidade de entender e aprender sobre sua história? Tantas obras de arte de vários séculos que pertenciam a Notre-Dame foram espalhadas por diferentes museus da França por falta de um espaço próprio em Paris, a favor do qual muitos historiadores, inclusive Adrien Goetz, já se manifestaram.

O padre Drouin também pensa nos pobres de uma cidade rica como Paris e nas transformações sociais que atingem centros urbanos. "Os locais de culto não devem ser patrimonializados a ponto de se tornarem petrificados." É importante que os parisienses possam entrar e sair de Notre-Dame como acontece em outras igrejas, e que os mais pobres recebam alimento, como acontece em outras regiões de Paris, na igreja de Saint-Eustache, por exemplo. Desde 1984, do primeiro dia de dezembro ao último dia de março, esse tesouro da arquitetura do século XVI oferece, todas as noites às 19h30, uma tigela de sopa quente a qualquer pessoa que se aproxime de sua entrada, sem fazer pergunta nenhuma.

Os arquitetos-chefes do Departamento de Monumentos Históricos têm preocupações similares. Não pensam em antigas pedras como elementos isolados, como se estivessem separadas de seu ambiente e das pessoas que as habitam e lhes dão vida. Pierre-Antoine Gatier, que ainda sente que Notre-Dame é um assunto por demais doloroso, menciona outra Notre-Dame que está restaurando: Notre-Dame-des-Sans-Logis-et-de-Tout-le-Monde, ou seja, Nossa Senhora dos Sem-Teto e de Todos. Construída em 1957, em uma periferia bastante pobre de Paris, essa Nossa Senhora foi transformada em monumento histórico em 2016. Refugiados e imigrantes recém-chegados de todos os lugares do mundo moravam ali, na região para a qual o padre Joseph Wresinski acabara de ser enviado.[202] Crente de que a beleza era uma necessidade urgente dessa população que vivia na miséria, ele mandou construir uma igreja em formato de ogiva, ou de iglu, em homenagem à arquitetura medieval cristã, mas dessa vez usando fibrocimento e materiais reciclados a partir de resíduos e sucata. O piso foi feito de cascalho e os vitrais foram criados especialmente para a igreja pelo pintor francês expressionista abstrato Jean Bazaine.

Poucos dias depois do incêndio, centenas de cristãos foram massacrados em uma igreja no Sri Lanka durante a missa do domingo de Páscoa, mas a notícia não ganhou a primeira página dos jornais como Notre-Dame ganhara. Isso incomodou muita gente, inclusive arquitetos como Gatier, quem acredita que não deve haver discriminação no amor pela arquitetura e pela humanidade.

***

Quando lhe perguntam se é um fiel, Philippe Villeneuve responde "Joker" [expressão que remete ao coringa do baralho e equivale a algo como "essa eu passo"].[203] Na França, é mais fácil falar de sexo do que de religião. Esta, assim como a espiritualidade, é uma experiência profundamente pessoal, restrita à intimidade de cada um. Em muitas famílias, os filhos nunca saberão se os pais têm fé ou não. Convencionou-se que a religião nunca deve se imiscuir na política e na vida da cidade. A separação entre o Estado e a Igreja, em 1905, foi um momento definidor para a jovem República, um ato de emancipação de um poder que tinha governado e sufocado a sociedade francesa por séculos. Para existir, a República moderna precisou domar a Igreja. Essa separação é vista como uma das condições para uma convivência sadia entre ateus e fiéis, e entre pessoas etnicamente diversas. O recente ressurgimento do fundamentalismo religioso de todos os tipos, seja entre católicos, islâmicos ou judeus, por exemplo, tornou-se uma prova de fogo para o secularismo francês. Nos últimos trinta anos, várias comunidades, muitas vezes manipuladas por uma minoria fanática, têm exigido privilégios por conta de sua religião. Dividida entre garantir a harmonia social e aderir ao éthos nacional, a República francesa muitas vezes precisou se desdobrar e se curvar, ficando numa posição incômoda.

O incêndio de Notre-Dame também desafiou a convicção francesa, mas de outras maneiras. A tragédia revelou que um país bastante secular tem suas raízes firmemente enraizadas na história, e essa história é cristã. Não se trata de algo a reprovar ou comemorar; é um fato. Isso fora um choque para muitos franceses, cuja formação ou conhecimento geral do catolicismo estavam enterrados sob uma densa camada de secularismo e agnosticismo. Notre-Dame, um lugar onde o sagrado e o secular se encontram, nos lembrava de nossa origem de maneira inesperada e poderosa.

Na França, se uma pessoa responde "Joker" quando lhe perguntam se acredita em Deus, em geral isso quer dizer que ela acredita em alguma forma de transcendência, e que a resposta a essa pergunta é tão pessoal e tão complexa que não cabe revelá-la a um desconhecido. Depois de dizer isso, Philippe Villeneuve comparou a beleza de Notre-Dame a uma experiência transcendental. À mesma pergunta, Olivier Latry respondeu: "Todo artista, todo músico está conectado a algo maior que ele próprio. Pode chamar de Deus se quiser. Todo músico é um elo entre duas dimensões, uma dimensão humana e uma outra, que está além. Quando eu tocava o Grande Órgão, muitas vezes me perguntei se era eu mesmo quem tocava aquela música. Precisa haver algo mais, algo além".[204]

POSFÁCIO

Desde a fatídica noite de 15 de abril de 2019, muitos têm cuidado de Notre-Dame de Paris com urgência silenciosa e dedicação profunda. Houve muitos obstáculos a superar, desde o fechamento do local no verão causado pelo procedimento de descontaminação de chumbo, até o receio de que Nossa Senhora ainda corresse o risco de desabar a qualquer momento durante os processos de estabilização.

Em 1º de dezembro de 2019, um órgão público, liderado pelo general cinco estrelas Jean-Louis Georgelin, recebeu o aval da Prefeitura de Paris, que vinha lidando com o estado de emergência da catedral até então. Hoje em dia, o general Georgelin supervisiona o "canteiro de obras do século", como a mídia francesa o apelidou, e o concurso internacional que elegeria um desenho para o novo pináculo, lançado no dia seguinte ao incêndio pelo primeiro-ministro francês, agora parece uma lembrança distante, relegada à gaveta das "boas intenções, mas péssimas ideias". A tendência mais recente é a de pedir que a população francesa eleja o futuro pináculo de Notre-Dame por meio de uma votação. Philippe Villeneuve, o arquiteto responsável, já avisou que não será o homem a implementar um projeto de design contemporâneo. Ao que o general Georgelin respondeu em estilo militar: "Eu já disse a ele várias vezes, e direi novamente se necessário: ele tem é que calar a boca. Só assim seremos capazes de agir com serenidade e tomar a decisão mais acertada para Notre-Dame, para Paris, para o mundo".

Ambos têm adoração por Notre-Dame, disso não há dúvida, mas cada um expressa essa adoração à sua maneira excêntrica e um tanto gaulesa. Também não há dúvida de que nos anos de reconstrução haverá mais confusões e desentendimentos públicos, polêmicas sobre doações privadas e, ainda mais importante, questões sobre a forma como o monumento deve ser restaurado.

O general Georgelin e seu conselho de treze pessoas, representantes do Estado, do Departamento de Monumentos Históricos, da Igreja e do município de Paris, ao lado de três comitês de cientistas, auditores e doadores, responderão ao presidente da França. Mais tarde, com sorte, se tudo correr bem, o povo da França também dará sua opinião.

Notre-Dame de Paris, ao contrário de quase todas as outras catedrais de sua época, não arrebata os visitantes com sua ornamentação extravagante, nem com os detalhes ostensivos pelos quais outros monumentos são conhecidos. Pelo contrário, a simplicidade de sua forma, a grandiosidade austera de suas linhas e o senso geral de unidade é o que ela transmite e que nos tira o fôlego. Como escreveu François Théodore de Jolimont, em 1823:

> O primeiro sentimento que experimentamos diante dela não é a perplexidade, nem o tipo de animação e emoção à flor da pele que vivenciamos ao deparar com um edifício extraordinário, improvável. Notre-Dame não se dá ao

trabalho de estimular a imaginação do espectador. Nós a contemplamos com calma, medimos a grandeza de suas proporções e desfrutamos de toda aquela harmonia: nossa mente se satisfaz, e logo passa a admirá-la.[205]

Admiração, e não entusiasmo. Pelo visto, os franceses querem continuar se sentindo admirados diante dela. Pois ela não é um mero Palácio do Povo. Notre-Dame é o coração de Paris. Por mais de 850 anos, o eco da glória e da miséria da França, das vitórias e dos desastres do país ressoou sob essas abóbadas. Por mais de 850 anos, o povo da França dobrou por suas mortes, tocou e cantou sua alegria com os sinos de suas torres. Ateus e fiéis encontram aqui as mesmas memórias, pois são memórias da nação. Notre-Dame pertence a todos os cidadãos franceses, e todos vão querer opinar sobre seu futuro.

Há um momento pelo qual muitos parisienses esperam ansiosamente; um momento com o qual o arquiteto Philippe Villeneuve sonha. Quando o pináculo desabou em 15 de abril, o galo de cobre empoleirado em sua ponta caiu por 96 metros até chegar ao chão. Em vez de se desintegrar como o resto do pináculo, feito de madeira e chumbo, ele só girou no ar como uma bola incandescente e continuou inteiro. Ao amanhecer, Villeneuve encontrou o galo desgastado caído na sarjeta da rue du Cloître Notre-Dame. Dentro da catedral, as relíquias da padroeira de Paris, santa Genoveva, estavam intactas. Nessa hora ele entendeu que sua missão de trazer Notre-Dame de volta com todo o carinho só estaria completa quando ele devolvesse o galo ao novo pináculo de Notre-Dame. Paris está esperando.

AGRADECIMENTOS

O dia 15 de abril de 2019 continuará uma data memorável, não só porque foi a noite em que a Notre-Dame de Paris quase foi totalmente destruída, mas também porque foi um momento de intensa comunhão. Senti, de todos os lugares do mundo, a dor e o carinho dos meus amigos e colegas que me procuraram na mesma hora: Allan Little estava na Califórnia, Susan Clampitt em Washington, Shane Danielsen em Los Angeles, Simon Trewin, Farah Nayeri, Peter e Ilona Suschitzky, Nicolas Kent e Bill Swainson em Londres, Pedro Uriol em Madrid, Dominique Lempereur e Ion Babeanu em Hiroshima, Sophia Aram, Fiachra Gibbons e Pauline Dauvin do outro lado do Sena, e Benoît Cambillard mais uma vez ao telefone antes de o dia nascer. Ken Loach mandou uma mensagem no dia seguinte, contando o quão abalado estava. "Eu sempre me emocionava quando entrava em Notre-Dame; imagino o que você está sentindo", ele escreveu.

A generosidade de desconhecidos é sempre uma surpresa comovente: três dias depois, em Veneza, um vendedor ambulante, ao saber que eu era de Paris, aproximou-se de mim e disse: "Quando eu vi a catedral pegando fogo, passei muito mal". Quero agradecer a todas essas pessoas pela consideração.

Este livro não seria tão pertinente se não fosse pelo tempo, gentileza, auxílio e conhecimento de arquitetos, historiadores da arte, escritores, padeiros, professores, prelados, apicultores, embaixadores e generais. Gostaria de agradecer especialmente ao general Jean-Claude Gallet, ao monsenhor Benoist de Sinety, os arquitetos-chefes do Departamento de Monumentos Históricos, Philippe Villeneuve, Jacques Moulin, Marie-Hélène Didier e Pierre-Antoine Gatier, aos especialistas Philippe e Cécile de Cossé-Brissac, o padre Gilles Drouin, o escritor e alpinista Sylvain Tesson, o historiador de arte Adrien Goetz, à apicultora Sybille Moulin, à antropóloga Claudie Voisenat, à Madame l'ambassadeur Veronika Wand-Danielsson e, por último, mas não menos importante, ao jornalista e editor Jean-Dominique Merchet e à sempre atenta Linden Lawson.

O trabalho de pesquisa foi intenso, e eu não teria sido capaz de enfrentar esse desafio sem as palavras esclarecedoras do grande estudioso medieval Georges Duby e a música do compositor renascentista Giovanni Pierluigi de Palestrina, que me acompanharam todos os dias neste projeto.

Meus últimos agradecimentos especiais vão para François, Garance, Nicole, Henri-Louis e Jean-Noël, que estão sempre próximos. E a Angélique Chrisafis, que passou um bom tempo comigo, olhando Nossa Senhora em chamas.

Agnès Poirier, Paris, dezembro de 2019

NOTAS

1 "Parvis", em inglês: pátio ou pórtico em frente a um edifício. De acordo com o *OED*: Francês Antigo –Inglês Medieval Tardio, a palavra se origina de "paradisus" ("paraíso"), do latim tardio.

2 Brassaï, *Conversations avec Picasso*. Paris: Gallimard, 1964, p. 232.

3 De acordo com o cônego Guillaume de Bazoches em *Eloge de Paris*, escrito por volta de 1175.

4 Monsenhor Benoist de Sinety em entrevista concedida à autora, em 11 de julho 2019.

5 Marie-Hélène Didier em entrevista concedida à autora, em 23 de julho 2019.

6 http://www.compagnie-acmh.fr.

7 Alain-Charles Perrot (org.). *Les Architectes en Chef des Monuments Historiques 1893–1993, Centenaire du Concours des ACMH*. Paris: HM, 1994.

8 Pierre Cochereau foi o principal organista de Notre-Dame entre 1955 e 1984. Foi considerado o melhor organista do século XXI. Hoje, três organistas se revezam no cargo: Olivier Latry, Vincent Dubois e Philippe Lefebvre.

9 Philippe Villeneuve em entrevista concedida à autora, em 24 de julho 2019.

10 General Jean-Claude Gallet em entrevista concedida à autora, em 22 de julho 2019.

11 "Historique", site da Brigade de Sapeurs-Pompiers de Paris. Disponível em: <https://www.pompiersparis.fr/fr/presentation/historique>. Último acesso em 23 de setembro de 2020.

12 Mulheres somam 3% da brigada de incêndio de Paris.

13 Aude Borel, "Le saviez-vous? La planche des pompiers de Paris", site do Ministério da Defesa, 27 de julho de 2016. Disponível em: <https://www.defense.gouv.fr/fre/actualites/articles/le-saviez-vous-la-planche-des-pompiers-de-paris>. Último acesso em 23 de setembro de 2020.

14 Adrien Goetz, *Notre-Dame de l'Humanité*. Paris: Grasset, 2019. p. 8.

15 Ibid., p. 9.

16 Ibid., p. 10.

17 Sébastien Spitzer, *Dans les flammes de Notre-Dame*. Paris: Albin Michel, 2019. p. 63.

18 Brigade de Recherche et d'Intervention.

19 135 mil *livres tournois*, ou metade da fortuna real.

20 Laurent Prades em entrevista à estação de rádio francesa Europe 1, em 17 de abril 2019. Entrevista disponível em<https://www.europe1.fr/societe/il-est-entre-dans-notre-dame-pendant-lincendie-des-morceaux-de-bois-incandescents-tombaient-un-peu-partout-3893436>. Último acesso em 23 de setembro de 2020.

21 Spitzer, op. cit., p. 151.

22 "'Parecia que não tinha mais salvação. Pedaços da capela de Guarini caíam do céu, e havia um sério risco de que tudo acabasse sob os escombros: o estojo, o altar e todos nós', Trematore explicou mais tarde. Então ele entrou." Andrew Hurst, "'Miracle' as fireman saves Turin shroud", *Independent*, 13 de abril de 1997.

23 Sébastien Spitzer, op. cit., p. 140.

24 Conforme relatado por Laurent Clergeau na revista digital do Corpo de Bombeiros de Paris, Allo Dix – huit. Disponível em: <https://allo18-lemag.fr/notre-dame-dans-la-peau-du-dessinateur-operationnel/>. Último acesso em 23 de setembro de 2020.

25 General Jean-Claude Gallet em entrevista concedida à autora, em 22 de julho de 2019.

26 Ibid.

27 Sébastien Spitzer, op. cit., p. 132.

28 Ibid., p. 133.

29 General Jean-Claude Gallet em entrevista concedida à autora, em 22 de julho 2019.

30 Adrien Goetz, op. cit., p. 10.

31 "Cette cathédrale Notre-Dame, nous la rebâtirons", site do Élysée, 15 de abril de 2019. Disponível em: <https://www.elysee.fr/emmanuel-macron/2019/04/15/incendie-cathedrale-notre-dame-de-paris>. Último acesso em 23 de setembro de 2020.

32 Adrien Goetz, op. cit., p. 12.

33 Marie-Hélène Didier em entrevista concedida à autora, em 23 de julho de 2019.

34 *"Si ce monument est un jour achevé, aucun autre ne pourra lui être comparé."* Robert de Thorigny foi um monge normando, conselheiro de Henrique II da Inglaterra e abade de Mont-Saint-Michel, na Normandia, entre 1154 e 1186.

35 Henry Kraus, *L'Argent des Cathédrales*, trad. para o francês Laurent Medzadourian e Dominique Barrios-Delgado. Paris: Cerf, 2012. p. 25.

36 Boris Bove e Claude Gauvard (org.). *Le Paris du Moyen Âge*. Paris:Belin, 2014. p. 7.

37 Área que hoje corresponderia, aproximadamente, ao primeiro, quarto e quinto *arrondissements*.

38 Oficialmente apenas em 1312, de acordo com Henry Kraus em *L'Argent des Cathédrales* (2012, p. 25).

39 Boris Bove e Claude Gauvard, op. cit., p. 24.

40 Ibid., p. 26.

41 Alexandre Didier, "Les Origines de la Municipalité Parisienne", *Mémoires de la Société de l'histoire de Paris et de l'Île de France*, 49, 1927, p. 266.

42 Henry Kraus, op. cit., p. 27.

43 Georges Duby. *The Age of the Cathedrals: Art and Society 980–1420*, trad. para o inglês Eleanor Levieux e Barbara Thompson. Londres: Croom Helm, 1981. p. 112.

44 Ibid., p. 93.

45 Ibid., p. 112.

46 Pierre-Marie Auzas. *Les Grandes Heures de Notre-Dame de Paris: Huit Siècles d'Histoire dans la plus Célèbre Cathédrale de France*. Paris: Tel, 1951. p. 15.

47 Henry Kraus, op. cit., p. 10.

48 Henry Kraus, 2012, p. 37 apud Victor Mortet, *Maurice de Sully, évêque de Paris 1160–1196: Étude sur l'Administration Épiscopale pendant la Seconde Moitié du XIIe Siècle*. Paris: 1890.

49 Alain Erlande-Brandenburg, *Notre-Dame de Paris*. Paris: Nathan, 1991. p. 50.

50 Obituário nº 252 apud Henry Kraus, 2012, p. 36.

51 Obituário nº 214 apud Henry Kraus, 2012, p. 36.

52 Ibid., p. 37.

53 Ibid., p. 31.

54 Ibid., p. 43.

55 Cf. C.A. Robson, *Maurice de Sully and the Medieval Vernacular Homily*. Oxford: Basil Blackwell, 1952, p. 110–13 apud Henry Kraus, 2012, p. 34.

56 Henry Kraus, op. cit., p. 42.

57 Georges Duby, op. cit., p. 94.

58 Henry Kraus, op. cit., p. 39.

59 Georges Duby, 1981, p. 95.

60 Ibid., p. 155.

61 Pierre Nora (org.). *Les Lieux de Mémoire*. Paris: Gallimard, 1997. v. III, p. 4185.

62 Agora está no British Museum. Alain Erlande-Brandenburg. *Le Roi est Mort: Étude sur les Funérailles, les Sépultures et les Tombeaux des Rois de France jusqu'à la Fin du Treizième Siècle.* Geneva: Droz. 1975. p. 42.

63 Sylvain Tesson, *Notre-Dame de Paris: Ô reine de douleur*. Paris: Équateurs, 2019. p. 39.

64 Alain Erlande-Brandenburg, op. cit., p. 65.

65 Ibid., p. 50.

66 O batistério é citado na obra do século VI, *Vie de Sainte-Geneviève*: santa Genoveva teria procurado abrigo no batistério em 451, quando a cidade estava sob o ataque de Átila.

67 Alain Erlande-Brandenburg, op. cit., p. 54.

68 Ibid., p. 43.

69 Ibid., p. 46.

70 Ibid.

71 Ibid., p. 54.

72 Ibid., p. 78.

73 Ibid.

74 Ibid., p. 80.

75 Georges Duby, op. cit., p. 147.

76 Pierre Nora, op. cit., p. 4185.

77 Alain Erlande-Brandenburg. "Une Tête de Prélat Provenant du Portail du Couronnement de la Vierge à NDP", *Revue du Louvre et des musées de France*, 1986, p. 186–91.

78 Chapuy e F.T. de Jolimont. *Vues pittoresques de la Cathédrale de Paris et Détails remarquables de ce Monument*. Paris: Leblanc, 1823. p. 5.

79 Georges Duby, op. cit., p. 111.

80 Atribuído erroneamente a Henrique IV, esse ditado é mencionado pela primeira vez na sátira *Les Caquets de l'accouchée*, de 1622, como uma fala do duque de Sully. No entanto, a expressão, usada até hoje, significa que Paris (ou seja, o poder) vale o sacrifício de assistir a uma missa (e, por extensão, de se converter ao catolicismo).

81 René Pillorget, *Paris sous les premiers Bourbons 1594–1661*. Paris: Hachette, 1988. p. 12.

82 O diário que Pierre de L'Estoile escreveu nessa época é uma fonte valiosa de informação sobre os eventos descritos neste capítulo. Pierre de L'Estoile. *Journal pour le règne de Henri IV*, v. I: 1589–1600 . Paris: Gallimard, 1948. p. 375–76.

83 Pierre Nora, op. cit. p. 4190.

84 M. Dubu, *Histoire, Description et Annales de la Basilique de Notre-Dame de Paris*. Paris: Ambroise Bray, 1854. p. 42.

85 Pierre Nora, op. cit., p. 4197.

86 Ibid., p. 4195–96.

87 Louis-Marie Prudhomme. *Révolution de Paris*. Paris: Imprimerie des Révolutions, 1792. v. VII, p. 487.

88 M. Dubu, op. cit., p. 286.

89 Pierre-Marie Auzas, op. cit., p. 30.

90 M. Dubu, op. cit., p. 287.

91 Pierre-Marie Auzas, op. cit., p. 30.

92 M. Dubu, op. cit., p. 292.

93 Um movimento (1682) do clero católico romano francês que defendia a limitação do controle papal e a autonomia.

94 Pierre-Marie Auzas, op. cit., p. 30.

95 Ibid., p. 30.

96 Ibid., p. 31.

97 M. Dubu, op. cit., p. 293.

98 "Napoléon & empire: 1802. La paix et le consulat à vie". Disponível em: <https://www.napoleon-empire.net/chronologie/chronologie-1802.php>. Último acesso em 26 de setembro de 2020.

99 Andrew Roberts. *Napoleon: A Life*. Nova York: Viking, 2014. p. 329.

100 Ibid., p. 331.

101 O resultado final: 3572,329 foram a favor, 2579 foram

contra (Andrew Roberts, 2014, p. 348).

102 Napoleão em carta a Pio VII, 15 de setembro de 1804, em *Correspondance de Napoléon Ier Publiée par Ordre de l'Empereur Napoléon III.* Paris, 1858–69, v. IX. p. 525.

103 Napoleão em carta a Cambacérès, 21 setembro de 1804 (1858–69, v. IX, p. 675).

104 Sylvain Laveissière. *"Le Sacre de Napoléon" peint par David.* Paris: Louvre, 2004. p. 32.

105 M. Dubu, op. cit., p. 296.

106 Pierre-Marie Auzas, op. cit., p. 31.

107 Sylvain Laveissière, op. cit., p. 30.

108 Ibid., p. 31.

109 De acordo com o criado de Napoleão, Constant, que escreveu sobre isso em suas memórias: *Mémoires intimes de Napoléon Ier*. Paris: Société des Publications Littéraires Illustrées, 1909. p. 242.

110 Sylvain Laveissière, op. cit., p. 41.

111 Ibid., p. 50.

112 Jean-François Boulart, *Mémoires militaires du Général Baron Boulart sur les Guerres de la République et de l'Empire.* Paris: Librairie illustrée, sem data. p. 124.

113 Louis-Philippe de Ségur. *Extrait du Cérémonial relatif au Couronnement de Leurs Majestés impériales.* Paris: Imprimerie impériale. Frimário, ano XIII (1804). seção III, p. 1.

114 M. Dubu, op. cit., p. 296.

115 Ibid., p. 292.

116 Conforme relatado no livro de David Delpech, *La France de 1799 à 1848: Entre Tentations Despotiques et Aspirations Libérales*. Paris: Armand Colin, 2014. p. 132.

117 Victor Hugo, *Notre-Dame de Paris*, trad. para o inglês Alban Krailsheimer. Oxford: Oxford University Press, 1993. p. 119. Todos os trechos de *Notre-Dame de Paris* reproduzidos neste capítulo foram retirados desta edição.

118 De acordo com Maurice Blanchot em 1943, a partir de Adrien Goetz em seu prefácio a *Notre-Dame de Paris,* de Victor Hugo. Paris: Gallimard. 2009, p. 10.

119 Georges Duby, op. cit., p. 166.

120 Ibid., p. 184.

121 Viollet-le-Duc em carta a seu pai, 18 de maio de 1835.

122 Françoise Bercé. *Viollet-le-Duc*. Paris: Patrimoine, 2013. p. 45.

123 Ibid., p. 51.

124 Françoise Bercé (org.). *La Correspondance Mérimée – Viollet-le-Duc*. Paris: CTHS, 2001. p. 53.

125 Eugène Viollet-le-Duc. *Entretiens sur l'architecture*. Paris: Librairies Éditeurs, 1863. v. I, p. 22.

126 Françoise Bercé, op. cit., p. 58.

127 Eugène Viollet-le-Duc. "Peinture". In: *Dictionnaire Raisonné de l'Architecture Française du xie au xvie siècle*. Paris: A. Morel, 1864. v. VII, p. 56–109.

128 Françoise Bercé, op. cit. p. 94.

129 Ibid.

130 Ibid., p. 93.

131 Pierre-Antoine Gatier em entrevista concedida à autora em Paris, em 2 de agosto de 2019.

132 Eugène *Viollet-le-Duc*. "Du Style Gothique au xixe siècle", *Annales archéologiques*, v. 4, 1846, p. 352.

133 Philippe Villeneuve em entrevista concedida à autora, em 24 de julho 2019.

134 Rem Koolhaas em entrevista concedida à autora em Rotterdam, em 5 de setembro de 2019.

135 Pierre-Marie Auzas, op. cit., p. 36.

136 Rupert Christiansen. *City of Light: The Reinvention of Paris.* Londres: Head of Zeus, 2018. p. 42.

137 Ibid., p. 49.

138 David P. Jordan. *Transforming Paris: The Life and Labors of Baron Haussmann.* Nova York: Free Press, 1995. p. 199–202.

139 Pierre Nora , op. cit., p. 4206.

140 Pierre Gatier, arquiteto--chefe do Departamento de Monumentos Históricos, em entrevista concedida à autora em Paris, em 2 de agosto de 2019.

141 Charles de Gaulle. *Mémoires de Guerre II: l'unité 1942–1944*. Paris: Plon, 1956. p. 314.

142 Pierre Nora, op. cit., p. 4206.

143 De acordo com Charles Glass no livro *Americans in Paris: Life and Death under Nazi Occupation*

1940–1944, publicado pela HarperPress (2009, p. 1), quase 30 mil estadunidenses moravam em Paris e seu entorno antes da Segunda Guerra Mundial.

144 Ibid.

145 George F. Kennan. *Sketches from a Life*. Nova York: Pantheon, 1989. p. 74.

146 Pierre-Marie Auzas, op. cit., p. 37–38.

147 Agnès Poirier. *Left Bank, Art, Passion and the Rebirth of Paris 1940–50*. Londres: Bloomsbury, 2018. p. 66.

148 Editorial, *Combat*, 25 de agosto de 1944.

149 Yves Cazaux, *Journal Secret de la Libération*. Paris: Albin Michel, 1975. p. 184.

150 Hoje, avenue du Général Leclerc.

151 Relato de Sartre, publicado em *Combat*, em 2 de setembro de 1944.

152 Charles de Gaulle, op. cit., p. 290.

153 Ibid., p. 304.

154 Ibid.

155 Ibid., p. 306.

156 Arquivo audiovisual disponível em: <https://www.ina.fr/video/I00012416/charles-de-gaulle-video.html>. Último acesso em 27 de setembro de 2020.

157 Ibid., p. 307.

158 Ibid., p. 308.

159 Ibid., p. 311.

160 Ibid.

161 Ibid.

162 Ibid.

163 Ibid., p. 313.

164 Entrevistas com testemunhas dos acontecimentos veiculadas no *Soyez témoins*, um programa apresentado por André Gillois na rádio nacional da França sobre a tentativa de assassinato sofrida pelo general De Gaulle em 26 de agosto de 1944. Transmissão em 26 de janeiro 1956. Disponível em: <https://www.ina.fr/audio/PHD89000578>. Último acesso em 27 de setembro de 2020.

165 De acordo com Raymond Marcillac em seu relato disponível em: <https://www.ina.fr/audio/PHD86069770>. Último acesso em 27 de setembro de 2020.

166 Ibid.

167 Charles de Gaulle, op. cit., p. 314.

168 Ibid., p. 321.

169 Ibid.

170 O jornal diário parisiense, fundado em 1944, tinha circulação de quase 200 mil exemplares em 2018.

171 Beaux Arts & Cie, *Beaux Arts, hors série: Notre-Dame de Paris, telle qu'on ne la verra plus!*, 23 de abril de 2019, p. 90.

172 Entre os maiores doadores estavam a família Bettencourt e a Fundação Sisley.

173 Este foi feito na Holanda e depois enviado para Villedieu-les-Poêles, onde os outros oito sinos foram fundidos. Todos partiram juntos para Paris em 31 de janeiro.

174 Stéphane Mouton em entrevista a *Racines et des Ailes: les 850 ans de Notre-Dame*, France 3, março de 2013.

175 Victor Hugo. *Notre-Dame de Paris*, trad. para o inglês Alban Krailsheimer. Oxford: Oxford University Press, 1993, Livro VII, capítulo 3, "The Bells".

176 Georges Duby, op. cit., p. 95.

177 Ibid., p. 101.

178 André Chamson, "Prefácio". In: *Notre-Dame de Paris 1163–1963: Exposition du Huitième Centenaire Organisée par la Direction des Archives de France à la Sainte Chapelle, juin–octobre 1963*. Paris: Direction des Archives de France, 1963.

179 Veronika Wand-Danielsson em entrevista concedida à autora na embaixada sueca em Paris, em 23 de julho de 2019.

180 Cerca de 100 mil euros.

181 Macron em seu segundo comunicado sobre Notre-Dame à nação, em 16 de abril de 2019.

182 Sybile Moulin em entrevista telefônica concedida à autora, em 15 de julho de 2019.

183 Conforme ele relatou a Lorenzo Ciavarini Azzi em janeiro de 2019, numa entrevista que está disponível em: <https://www.francetvinfo.fr/culture/musique/classique/quot-bach-to-the-futurequot-l-039-organiste-olivier-latry-offre-bach-a-notre-dame-de-paris_3293749.html>.

Último acesso em 27 de setembro de 2020.

184 Conforme Olivier Latry relatou a Alex Marshall no *New York Times*. Cf. "Notre-Dame Musicians Rejoice that the Cathedral's Organ was Spared', *New York Times*, 24 de abril de 2019.

185 Jean-Claude Aillagon em entrevista por e-mail concedida à autora, em 22 de julho de 2019. O sr. Aillagon é porta-voz de François Pinault e foi ministro da Cultura de 2002 a 2004.

186 Na França, doações para órgãos beneficentes normalmente usufruem de uma isenção fiscal de mais de 60%. A "Lei Notre--Dame", especialmente aprovada no verão de 2019, elevou a taxa de dedução para 75% para cada doação inferior a mil euros feita por uma pessoa física.

187 Cf. "Porch of Notre--Dame de Paris", no site Maisons Victor Hugo, disponível em: <http://www.maisonsvictorhugo.paris.fr/en/work/porch-notre-dame-de-paris>. Último acesso em 27 de setembro de 2020.

188 Le peuple est petit, mais il sera grand./ Dans tes bras sacrés, ô mère féconde,/ O liberté sainte au pas conquérant,/ Tu portes l'enfant qui porte le monde.

189 Jean-Claude Aillagon em entrevista por e-mail concedida à autora, em 22 de julho de 2019.

190 De acordo com a emissora pública francesa France Info, em 24 de junho 2019. Cf. <https: //www.francetvinfo.fr/culture/patrimoine/incendie-de-notre-dame-de-paris/seulement-9-des-promesses-de-dons-pour-notre-dame-de-paris-ont-ete-versees_3488763.html>. Último acesso em 27 de setembro de 2020.

191 Monsenhor De Sinety em entrevista concedida à autora em seu escritório, em 11 de julho de 2019.

192 Em uma entrevista com Vincent Remy, "Notre Puissance Technique nous Rend très Vulnérables", *Télérama*, 24 de abril de 2019.

193 Ibid.

194 "À peine jolie, mais si bizarre avec son sourire joyeux éclos

sur de mélancoliques lèvres! Aperçue d'un certain côté, elle sourit à Jésus, presque railleuse. [...] Regardée d'un autre point, sous un autre angle, ce sourire, si prêt à s'épanouir s'eff ace. La bouche se contracte en une apparence de moue et prédit des pleurs. Peut-être qu'em parvenant à empreindre en même temps sur la face de Notre-Dame ces deux sentiments opposés, la quiétude et la crainte, le sculpteur a voulu lui faire traduire à la fois l'allégresse de la Nativité et la douleur prévue du Calvaire." Joris-Karl Huysmans, *La Cathédrale*. Paris: Tresse & Stock, 1898.

195 Todos os detalhes a seguir se baseiam nas falas de Philippe Villeneuve em uma entrevista concedida à autora no canteiro de obras da catedral de Notre-Dame, em 24 de julho de 2019.

196 Ibid.

197 Entrevista com Christine Ducros, "Didier Durand, l'Artisan Devenu Sauveur de Notre-Dame", *Le Figaro*, 24 de julho de 2019.

198 Claire Bommelaer, "Les Français Opposés à une Loi d'Exception", *Le Figaro*, 9 de maio de 2019.

199 Jacques Moulin em entrevista concedida à autora em seu escritório, em 12 de julho de 2019.

200 Ibid.

201 Padre Gilles Drouin em entrevista concedida à autora nas Missions Etrangères de Paris, em 2 de agosto de 2019.

202 A partir das experiências que viveu lá, o padre Wresinski fundou a International Movement ATD Fourth World.

203 Philippe Villeneuve em entrevista concedida à autora no canteiro de obras da catedral, em 24 de julho de 2019.

204 Conforme ele confidenciou a Lorenzo Ciavarini Azzi em janeiro de 2019.

205 Chapuy e F.T. de Jolimont. *Vues pittoresques de la Cathédrale de Paris et Détails remarquables de ce Monument.* Paris: Leblanc, 1823. p. 3.

A mão direita de Deus protegendo os fiéis contra os demônios (c. 1452–60), por Jean Fouquet (têmpera e folha de ouro sobre pergaminho). A Notre-Dame pode ser vista ao fundo.

Massacre do dia de São Bartolomeu (c. 1572–84), por François Dubois (óleo sobre tela). O massacre dos protestantes pelos católicos, em agosto de 1572, ocorreu poucos dias depois do casamento do protestante e futuro rei Henrique IV, com sua esposa católica, Margarida de Valois.

Vinte e dois anos depois, Henrique IV entrou em Paris como rei da França no dia 22 de março de 1594. A imagem o retrata a caminho da missa na Notre-Dame (gravura por Jean Lecler, a partir de Bollery).

O coro e a *Pietà* na Notre-Dame (1723), pelo escultor Nicolas Coustou.

Celebração da Deusa da Razão na catedral Notre-Dame, no dia 10 de novembro de 1793, por Auguste Christian Fleischmann.

A Consagração do Imperador Napoleão e a Coroação da Imperatriz Josefina, no dia 2 de dezembro de 1804 (1806–7), por Jacques-Louis David (detalhe do painel central, óleo sobre tela).

Ex-líbris de Victor Hugo, gravura de Ernest Aglaüs Bouvenne.

Notre-Dame de Paris em projeto de restauração da fachada oeste com reconstrução da torre na travessia (1843), por Eugène Emmanuel Viollet-le-Duc (lápis e aquarela sobre papel).

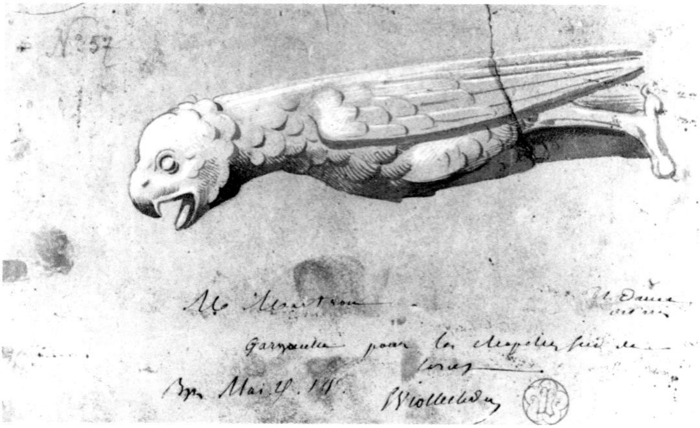

Desenhos para restauração das gárgulas da Notre-Dame (1855), por Viollet-le-Duc (caneta e tinta sobre papel).

Gárgulas restauradas da balaustrada da grande galeria da fachada oeste da Notre-Dame.

Notre-Dame no mapa de Paris, 1739, desenhado por Turgot, mostrando as ruas estreitas em frente à catedral.

Hospital Hôtel-Dieu antes da liberação feita pelo Barão Haussmann e seus sucessores (foto de Charles Marville, 1874).

Foto mostrando o novo pátio em frente à Notre-Dame após a liberação (1894).

A Libertação de Paris – Charles de Gaulle chegando na Notre-Dame, 26 de agosto de 1944, logo antes de sofrer tentativa de assassinato por parte de franco-atiradores.

Gina Lollobrigida e Anthony Quinn em uma cena do filme *O corcunda de Notre-Dame* (1956).

A nave da Notre-Dame após o incêndio (2019).

FONTES
Fakt e Heldane Text
PAPÉIS
Pólen Bold e Couché
IMPRESSÃO
Santa Marta

FSC
www.fsc.org
MISTO
Papel produzido
a partir de
fontes responsáveis
FSC® C011188